Joseé Boisclair

PERES D'AUJOURD'HUI, FILLES DE DEMAIN

Valérie Colin-Simard

PERES D'AUJOURD'HUI, FILLES DE DEMAIN

Editions Anne Carrière

Du même auteur :

Le Chagrin des autres, Editions Anne Carrière, 1993
Plus fort que le destin, Editions Anne Carrière, 2002

ISBN : 2-84337-211-9

© Editions Anne Carrière, Paris, 2003

www.anne-carriere.fr

Aux filles.

« Un jour, la jeune fille sera ; la femme
sera. Et ces mots " jeune fille ", " femme ",
ne signifieront plus seulement le contraire
du mâle, mais quelque chose de propre,
valant en soi-même ; non point un simple
complément, mais une forme complète de
la vie ; la femme dans sa véritable humanité. »

Rainer Maria RILKE

Introduction

Pourquoi un livre sur les relations père-fille ? Parce que ce sujet m'a paru à la pointe de l'actualité. Ce n'est que fort récemment que les médias ont commencé à prêter quelque attention aux problèmes spécifiques des filles et des pères. Les projecteurs étaient auparavant braqués sur la responsabilité des mères dans l'éducation des enfants. Aujourd'hui, en partie à cause du nombre croissant de divorces, les regards commencent à se tourner vers les pères. Quant aux filles, une fois digéré le combat féministe de la première heure, elles cherchent à en conserver les acquis tout en préservant leur féminité. Dans cette quête, elles ont besoin de l'aide et du soutien de leur père. Les nouvelles relations père-fille n'ont plus rien à voir avec ce qu'elles étaient par le passé.

Par ailleurs, toute fille, ou presque, se demande un jour quelle influence son père a eue et a encore sur sa vie. Il est son premier amour. Nous découvrirons ensemble la subtilité des relations qui les unissent, mais aussi les barrières qui peuvent s'ériger entre eux, les barrages qui peuvent s'édifier. Ce livre a d'abord pour but d'aider à en prendre conscience pour mieux ensuite les franchir et les surmonter. Il a aussi pour ambition de combattre les malentendus. De donner des armes aux filles et aux pères de bonne volonté.

Un livre tel que celui-ci a pour seule légitimité d'être utile à celui qui le lit, de mieux lui faire comprendre ce qu'il vit, ce qu'il ressent et le monde dans lequel il évolue. Son projet est d'initier une réflexion, de semer une graine, si petite soit-elle au départ. C'est le sens de ma démarche. Je n'avais aucune idée préconçue, aucun préjugé en commençant cet ouvrage, juste une immense curiosité et le désir de découvrir quelques clés capables de faire comprendre les enjeux qui se cachent derrière la plupart des affrontements et des alliances entre un père et sa fille, de donner des repères permettant aux filles et aux pères de trouver un fil d'Ariane dans le dédale de leur relation.

J'ai donné la parole aux filles. J'ai aussi donné la parole à leur père. Avec leur accord, j'ai rencontré et interviewé chacun séparément, de manière à pouvoir confronter leurs points de vue, montrer les divergences et les points de rencontre, aider chacun d'entre nous à se faire sa propre opinion et à bâtir son propre jugement. La confrontation s'est toujours révélée enrichissante. Elle nous enseigne la relativité et l'approximation de notre vision du monde. On croit celle-ci juste, vraie, immuable, et on s'aperçoit – cela demande réflexion et travail – qu'il est possible d'adopter un autre point de vue, tout aussi valable. C'est une leçon d'humilité mais aussi d'optimisme. Les relations que les filles entretiennent avec leur père ne sont jamais définitives. Elles peuvent trouver un nouveau souffle, emprunter une autre direction. Même lorsque leur père est mort. Il est toujours possible d'envisager autrement un être humain ou un événement, à condition d'en avoir la volonté et le courage, d'en approfondir sa compréhension et de faire ainsi la paix avec une partie de soi-même, ses propres fondations.

Si ce livre s'adresse en priorité aux filles, j'ai d'avance une pensée émue et reconnaissante envers tous les pères qui le liront. Faire cette démarche, pour un père, n'est pas si courant et montre d'emblée bienveillance et amour envers son enfant.

Les filles et les pères qui témoignent ici sont comme vous et moi. Dans ces pages, pas de viol, d'inceste physique, ni de haines. Seulement des malentendus et de nombreuses incompréhensions. Je suis partie à la recherche de pères « suffisamment bons », de filles « suffisamment heureuses », d'exemples dans lesquels le lecteur pourra se reconnaître, susceptibles de servir de source d'inspiration à tous ceux qui cherchent comment être père, comment devenir femme. Que ce soit par ses points communs ou par ses différences, chacun de ces témoignages nous renvoie à nous-mêmes ou à notre entourage. Tous permettent d'apercevoir la complexité des relations père-fille et leur variété. Même si elle obéit à des lois, chaque expérience est unique et sort de l'ordinaire.

Peu de livres ont été consacrés à ce thème. Tous défendaient un point de vue bien précis, sans aborder les autres. C'est pourquoi j'ai tenu à rendre compte de leur thèse – comme une montagne dont j'aurais cherché à gravir tous les versants. J'ai par ailleurs rencontré des psychanalystes, chacun éclairant un visage des relations père-fille. Au terme de ce voyage aux multiples facettes, une unité se dégage. Je souhaite qu'elle puisse donner aux lecteurs et aux lectrices une nouvelle vision de leur relation père-fille.

Que tous ceux qui ont accepté de confier dans ce livre un peu de leur vie et de leur âme soient ici remerciés. Gageons que leur expérience servira de germe à de nouvelles formes de paternité et de féminité.

Catherine Mathelin :
« Le père, c'est la santé »

Catherine Mathelin est psychanalyste. Elle a publié de nombreux ouvrages destinés aux parents. Parmi lesquels Qu'est-ce qu'on a fait à Freud pour avoir des enfants pareils?, Le Sourire de la Joconde *et* Raisins verts et dents agacées [1]. *Elle met en garde contre le recours tous azimuts aux psychanalystes, aux recettes toutes faites et aux bons conseils. L'important pour elle n'est pas le « faire », mais l' « être ». Seule une compréhension profonde de ses responsabilités et de ses limites peut changer les comportements.*

Quel est le problème principal, selon vous, qu'un père peut poser à sa fille?

Les pères ne posent pas souvent de problèmes à leur fille. C'est au contraire toujours par eux que vient la guérison. Quand on a des problèmes, c'est que l'on n'a pas de père ou pas de père qui ait

---

1. Respectivement parus aux éditions Denoël en 2000, 1998, 1994.

compté. Le père, c'est la santé. Sauf dans des cas très particuliers, qui sont de l'ordre de la grande, grande pathologie : par exemple, des pères qui violent leur fille. Mais, en principe, dans la construction psychique courante, les pères ne sont jamais ceux qui posent des problèmes. Ce sont toujours les mères. Désolée de vous décevoir !

Vous voulez dire qu'il n'y a jamais de problèmes entre les pères et les filles ?

Si, quelquefois, mais beaucoup moins qu'entre les filles et les mères. En général, c'est une relation qui roule. Si le père tient sa place, qu'il soit attentif, pas attentif, présent, pas présent, sympa, pas sympa, la fille est en admiration devant lui. Exactement comme le garçon est en admiration devant la mère.

C'est ce que l'on appelle le complexe d'Œdipe ?
Tout à fait !

Les relations père-fille sont-elles selon vous en train de changer ?

Oui, les relations père-enfant en général sont en train de changer. Certains pères ont aujourd'hui dans l'idée que c'est mieux d'être une femme plutôt qu'un homme. Ils essayent d'être des mères. C'est un grand changement pour notre société. Et un grand problème pour les enfants.

Quand le père materne au lieu de paterner, peut-on dire qu'il y a absence de père?

Oui, car il y a alors deux mères, et non plus un père et une mère. Ce sont deux fonctions complètement différentes.

Et si la mère joue le rôle du père? Peut-on inverser les rôles sans dommage?

Bien sûr que c'est possible! Dans nos sociétés, il y a plein de femmes qui élèvent des enfants seules. Elles sont bien obligées de jouer à la fois le rôle du père et celui de la mère.

Est-ce que cela peut poser des problèmes à l'enfant?

Cela pose des problèmes à la mère, je peux vous le dire! Quant à l'enfant, il est plus compliqué pour lui de se structurer quand ce ne sont pas deux personnes de sexe différent qui l'ont élevé.

Quelles sont les conséquences pour la fille si la mère joue le rôle du père et le père le rôle de la mère?

Ce n'est jamais aussi simple. Jamais aussi stéréotypé. Mais c'est vrai que, dans nos sociétés, la femme est parfois P-DG, rentre chez elle à 10 heures du soir, tandis que papa reste à la maison. Dans tous les cas de figure, la fille s'identifie à sa mère.

Donc pas de problème ?

Disons qu'elle risque de s'identifier à une femme phallique qui fait la loi, qui a le pouvoir. Elle veut devenir brillante comme maman. Et plus tard, elle va admirer les femmes. Ou rivaliser avec elles.

Cela risque-t-il d'affecter plus tard les relations de cette fille avec les hommes ?

Elle peut aimer les hommes très soumis, comme son père lui paraît être. Sauf si quelqu'un d'autre fait contrepoids, elle va chercher des hommes castrés. Inverser les rôles, c'est une utopie de notre époque.

Pensez-vous que l'inversion des rôles puisse être, sur le plan psychique, déséquilibrante pour l'enfant ?

Le problème est que la relation avec le père passe obligatoirement par la mère. Tout dépend donc de la place que le père a dans la tête de la mère. De l'image qu'elle donne à l'enfant de son père. Prenons l'exemple d'un homme macho et autoritaire. Si, chaque fois qu'il hurle : « Tu te fous de ma gueule, cette maison n'est pas rangée ! », la mère lève les yeux au ciel avec un petit sourire, sa remarque sera nulle et non avenue. Et peu importe qu'il soit président de la République, ceinture noire de karaté ou bien star. La fille respecte son père en fonction de ce que la mère pense de lui. Si la mère reconnaît une place phallique au père, la fonction paternelle sera assurée.

Qu'appelez-vous une « place phallique » ?

C'est ce que l'enfant va ressentir du désir de sa mère pour son père. Consciemment ou non.

Que se passe-t-il dans les cas, malheureusement nombreux, où la mère rejette le père ?

Imaginez que cette mère ait été très amoureuse de cet homme. Elle l'admirait beaucoup, il lui plaisait énormément. Il part avec sa meilleure amie. Elle va en être blessée, elle va lui en vouloir, mais elle ne va pas pour autant penser qu'il n'est plus un homme séduisant ou qu'elle ne l'a jamais aimé ou que cela ne vaut pas le coup de pleurer pour cet homme-là.

Comment, en cas de rejet, peut se comporter le père ?

S'il comprend que l'on peut quitter sa femme sans quitter son enfant et qu'il se montre clair avec l'enfant, s'il lui dit : « C'est vrai que je n'éprouvais plus d'amour pour ta mère, mais toi, tu seras toujours ma fille et je vais m'occuper de toi. Je suis là », cela peut ne pas si mal se passer. S'il ne dit pas de mal de la mère, s'il dit à l'enfant : « C'est très triste pour ta maman, je sais qu'elle a été très malheureuse, mais je ne voulais pas mentir, je ne pouvais pas rester à la maison en faisant semblant de l'aimer alors que je ne l'aimais plus. J'ai fait ce choix mais je respecte infiniment ta mère, je suis très content de t'avoir eue, toi, avec cette femme-là », et si la fille dans un premier temps a soutenu sa mère, elle va ensuite se réouvrir tout doucement à son père. Tout dépend, donc, de la manière dont le père se conduit.

Le regard de la mère n'est donc pas seul en cause?
Pour les premiers liens, si. Ils sont gravés dans l'inconscient et il sera difficile de changer cette empreinte. La toute première relation, c'est l'amour à la mère. Ensuite, c'est l'amour au père. Ensuite, l'amour aux autres hommes. Pour que du père s'inscrive dans l'inconscient d'une fille, qu'elle se structure avec son père, il faut qu'il soit un objet de désir pour sa mère. Pour que la petite fille accepte de renoncer à l'objet d'amour mère – beaucoup de filles adultes n'y ont toujours pas renoncé – et se dirige vers l'objet d'amour père, il faut qu'elle se dise : « Moi, enfant, je ne peux pas combler ma mère. Ce qui manque à ma mère, ce qui fait désirer ma mère, c'est mon père qui le lui donne. Elle s'intéresse à lui quand il rentre, elle a envie de lui parler, ils s'enferment dans leur chambre. Ce qui intéresse ma mère, c'est mon père. » A ce moment-là, la fille comprend qu'elle ne peut pas être un homme pour sa mère. Mais certaines ne le comprennent jamais tout à fait.

Et après, que se passe-t-il?
Elle se dit : « Je vais essayer d'avoir ce qui fascine tant ma mère. » Vers 2 ans et demi, 3 ans, elle

commence à dire à sa mère : « C'est papa qui m'habille, c'est papa qui m'amène à l'école, mon papa ci, mon papa ça. » Et cela jusque vers 7 ans, quand elle renonce au père, frappé de l'interdit de l'inceste. C'est la sortie de l'œdipe. Elle pourra ensuite diriger son regard vers d'autres hommes.

A 7 ans !

Oui. A 7 ans, la petite fille ne se dit plus : « Plus tard, je me marierai avec papa », comme elle le faisait à 4 ans. La petite fille a quitté son père et elle attend un autre homme. Elle se met à penser à des princes charmants ou à s'intéresser à d'autres petits garçons. Commence alors la période de latence, assez joliment reprise dans les contes de fées comme *La Belle au bois dormant*, qui évoque cette période d'attente. Sa libido se met en sommeil jusqu'à l'adolescence.

Qu'est-ce qu'une histoire œdipienne ratée ? Quand la fille n'a pas aimé son père ?

Oui, mais pas quand elle l'a détesté. Trouver son père nul ou méchant, ce n'est pas comme le considérer inexistant. Aimer ou haïr, c'est toujours de l'affect. Le complexe d'Œdipe va se faire s'il y a des affects qui se jouent par rapport au père. Dans le meilleur cas de figure, la petite fille dit en substance : « J'aime mon papa, il est beau, il est intelligent, il plaît à maman, je voudrais un homme qui lui ressemble ! » Son père lui répondra : « Ce n'est pas possible. » « Qu'à cela ne tienne, se dit-elle, j'attendrai le prince charmant. » Voilà, en gros, le résumé de l'œdipe réussi. Il est très important, pour qu'une fille ait une sexualité normale, puisse tomber amoureuse, rencontrer des hommes, qu'elle ait vécu une histoire d'amour avec son père. Je vous l'ai dit : les pères, c'est la santé. Si un père n'intéresse pas sa fille, elle ne passera jamais au stade des princes charmants. Il est toujours très bon signe qu'une petite fille commence à raconter des histoires avec des princes, des princesses, fasse des dessins avec de belles robes et une bague de fiançailles. Ça y est, on sort de l'œdipe !

Qu'est-ce qui peut bien amener une petite fille à l'indifférence face à son père ? Toujours le regard de la mère ?

Cela concerne en effet certaines mères qui, par leur histoire personnelle, sont entièrement tournées vers leur enfant. Elles veulent un enfant, mais elles ne veulent pas du père. Qu'il soit là ou pas là, c'est du pareil au même. Sa parole n'a aucun poids. Ce qu'il dit est dénué et d'intérêt et d'affect.

Est-ce le cas des mères qui font des enfants seules ?

Pas forcément, car vous pouvez décider de faire un enfant seule et considérer que le reste du monde existe, avoir des amis, vouloir sortir. Mais certaines mères font un enfant seule et restent tournées vers l'enfant tout le temps, et ne s'intéressent à rien d'autre. Pas même à un travail. Dans ce cas, même si l'homme est à la maison, il est fantomisé.

Qu'est-ce qui peut guérir une fille de l'absence de père ?

Le type d'absence dont je parlais tout à l'heure est irréparable, car alors l'enfant ne traverse pas l'œdipe. Lacan a même donné un nom à ce syndrome : il l'a appelé la « forclusion du Nom-du-Père ». Même s'il est présent à la maison tous les jours, le père est vraiment forclos. Aucun père ne vient s'inscrire dans le psychisme de l'enfant. On est alors en danger de psychose.

Vous voulez dire si, pour la mère, le père compte pour du beurre ?

S'il ne compte absolument pas pour la mère, oui. Si la seule jouissance de la mère est l'enfant. Si l'enfant est en fait son seul objet de réconfort. Je le répète : le regard que la fille porte sur son père, sur les autres hommes et sur le monde extérieur, passe par la mère. A l'inverse, un père absent dans la réalité – parce qu'il est mort ou éloigné –, mais très présent dans le psychisme de sa mère, pourra être pour sa fille un vrai père, qui lui permettra de se construire et de se structurer.

Vous dites, dans l'un de vos livres, que la plupart des filles cherchent un mari diamétralement opposé à leur père...

Dans les cas où la relation au père a été incestueuse. Attention, cela ne signifie pas que le père a couché avec sa fille. Il y a des ambiances incestueuses sans jamais que l'on touche à un enfant.

Qu'est-ce qu'une « ambiance incestueuse » entre une fille et son père?

Une ambiance incestueuse est un phénomène courant. Ce sont des papas qui embrassent leur petite fille de 2, 3 ans sur la bouche, dans un corps à corps très prolongé, une érotisation : « Mais que tu es belle, mon amour! » Il y a des pères qui, sans tripoter leur fille, vont se comporter avec elle comme des amoureux. Cela angoisse les petites filles. Plus tard, pour se protéger de l'inceste, elles vont aller chercher un homme diamétralement opposé à leur père.

Pourquoi?

Parce que cela laisse sa place au père. C'est le moyen de rester toujours amoureuse de lui. D'ailleurs, aujourd'hui, de plus en plus de femmes ne quittent jamais le nom de leur père. Autrefois, quand on se mariait, c'était symbolique de quitter le nom du père pour prendre le nom d'un autre homme. Quand le père conduisait à l'autel ou à la mairie sa fille et qu'elle repartait au bras d'un autre homme en portant le nom de ce dernier, c'était un rituel initiatique. De nos jours, beaucoup de filles gardent leur nom, même quand elles se marient. Elles restent « accrochées au père ».

Comment le comprenez-vous ?

Je rencontre des femmes en analyse si passionnément amoureuses de leur père qu'aucun autre homme ne peut rivaliser avec lui. Il n'y a que lui. Et si elles croisent sur leur route un homme qu'elles pourraient aimer, elles vont s'arranger pour le dénigrer. Si, par exemple, elles ont un père médecin chef des hôpitaux et qu'elles rencontrent un professeur de médecine agrégé, ce dernier ne va pas leur plaire. Je vois des histoires de ce style, spectaculaires. Des femmes blanches qui ne peuvent avoir d'histoire d'amour qu'avec des Noirs. C'est souvent le moyen d'être sûre qu'il ne s'agit pas d'inceste. Un homme noir ne fait sûrement pas partie de la famille !

On voit beaucoup de pères, aujourd'hui, qui idolâtrent leur fille. Est-ce du même registre ?

Non, ce n'est pas forcément incestueux. S'ils idolâtrent leur fille, ils vont en faire une emmerdeuse, ce n'est pas la même chose.

Mais encore ?

Ces petites filles sont dans la toute-puissance, elles pensent qu'elles ont les pleins pouvoirs sur tout. Elles risquent de se structurer sur un versant hystérique de domination. Vous savez ce que disait Freud des hystériques ? Elles cherchent des bateaux démâtés pour les réanimer, et quand elles rencontrent des bateaux mâtés, elles les démâtent.

C'est donc de la réussite du complexe d'Œdipe que dépendent les bonnes relations ultérieures d'une fille avec les hommes. Quelle est la principale erreur à éviter ?
Les problèmes surviennent quand le père a une place tellement importante que les autres hommes ne peuvent pas rivaliser. Quand le complexe d'Œdipe a été très fort, il devient compliqué de tomber amoureuse d'un autre homme. Et, très souvent, le père joue le jeu.

Un complexe d'Œdipe très fort, qu'entendez-vous par là ?
Quand, dans l'enfance, la fille a été absolument fascinée par un père extraordinaire.

Si je comprends bien, les filles doivent renoncer à leur père pour pouvoir aimer un autre homme ?
Exactement.

Qu'est-ce qui peut motiver la fille à renoncer à cet amour pour son père ?
L'interdit de l'inceste. Mais, en réalité, elle n'y renonce jamais tout à fait.

A l'inverse, qu'est-ce qui peut empêcher une fille de se détacher de son père pour se tourner vers d'autres hommes?

Par exemple, lorsque le père s'aime trop, qu'il n'a aucune distance quant à son supposé génie, ou à sa beauté, ou toute autre qualité dont il se pare. Quand il laisse penser à sa fille qu'il y a peu d'hommes comme lui. Les enfants dans la toute-puissance sont souvent des enfants dont les parents vivent aussi dans la toute-puissance. Une de mes patientes qui se marie bientôt m'a confié que son père lui avait dit : « Le seul homme qui comptera jamais pour toi, c'est moi. » Il y a ceux qui le disent et ceux qui le pensent.

Quand commencent les problèmes?

Avec la séduction. Lorsque les pères entretiennent une véritable histoire d'amour avec leur fille, qu'ils sont flattés, ravis, que leur fille les idolâtre. Un père ne doit pas séduire sa fille de quelque manière que ce soit. Il la séduit de toutes les façons, sans rien faire. Il faut qu'il lui dise qu'elle est séduisante, mais il ne doit pas essayer de lui plaire.

Que peut faire le père pour aider sa fille à renoncer à lui?

La fille doit renoncer au père, mais le père doit aussi renoncer à la fille. Il est très important que le père, dans le renoncement total et la plus grande chasteté, dise à sa fille qu'il l'aime. Ce sera le modèle ensuite de toutes ses histoires amoureuses. Elle saura qu'elle peut être aimée, ce qui est capital. Une fille a besoin que son père lui dise : « Tu es merveilleuse, tu es une petite fille belle et intelligente. Vraiment, le jour où tu tomberas amoureuse, il faut que tu saches que c'est un cadeau que tu fais à un homme. Evidemment, avec moi il n'y a rien de possible. » Elle a besoin que son père la narcissise.

... Tout en posant les interdits.
L'interdit de l'inceste suffit. Il est très fort.

Y a-t-il une autre déviation possible du rôle du père ?
Il y a les pères que les filles pensent avoir à soutenir. Quand le père est malade, déprimé, la fille va voler à son secours, lui dire qu'il est beau, qu'il est extraordinaire. Et plus tard, cette fille-là cherchera des hommes à réanimer.

Vous voulez dire qu'elle va materner son père, puis plus tard son amant ?
Oui. Elle sera dans la toute-puissance. Elles pensera que ce sont les femmes qui font les hommes.

Quelles sont les conséquences psychiques pour la fille ? Est-ce lourd à porter ?
A partir du moment où il y a du père, c'est-à-dire où il y a eu un lien entre une fille et son père, les

conséquences psychiques ne sont plus très graves. Seule la relation symbiotique avec la mère, collée, fusionnelle, est une relation qui mène à la psychose. Si on devient schizophrène ou paranoïaque, que l'on fait des bouffées délirantes ou que l'on doit finir ses jours à l'hôpital psychiatrique, c'est qu'il n'y a pas eu de passage par l'œdipe, qu'aucun lien avec le père, réel ou symbolique, n'a pu s'inscrire dans le psychisme de la fille. Une fois que le père a été là, on est sauvé. On a la tête hors de l'eau. C'est la raison pour laquelle j'ai commencé cet entretien en vous disant : « Le père, c'est le salut », que ce soit pour un garçon ou pour une fille.

Et quand le père est là, les relations avec les hommes mises à part, quel est le principal enjeu des relations père-fille ?

Le père sert à moduler la relation que la fille va avoir avec les hommes. En outre, selon la manière dont le complexe d'Œdipe s'est déroulé, on sera hystérique, obsessionnelle ou perverse.

... Ou normale ?

Non, la normalité, c'est la névrose. Nous sommes tous névrosés. On l'est seulement plus ou moins.

En quelques mots, qu'est-ce qu'une hystérique ?

C'est une personne qui est dans la plainte incessante de ne pas avoir été assez aimée par son père.

Et une obsessionnelle?

L'obsessionnelle a souvent été trop aimée. C'est la raison pour laquelle les femmes obsessionnelles sont rares, contrairement à une grande majorité d'hommes. Jusqu'à présent, les fils étaient plus aimés que les filles par leur père. C'est en train de changer. L'obsessionnelle met à distance ses affects. L'amour lui fait peur.

Comment un père peut-il trop aimer sa fille?

Un père aime trop sa fille s'il lui accorde une place plus importante que celles des autres femmes de sa vie. Ce qui équilibre d'abord un enfant, c'est le lien amoureux privilégié entre son père et une femme qu'il désire.

Qu'en est-il de la perverse?

C'est une troisième voie de sortie de l'œdipe. Toutes les névroses recèlent une part de perversion, ne serait-ce que dans le fantasme.

Quels autres rôles le père joue-t-il auprès de sa fille?

Le père, c'est l'ouverture sur le monde extérieur pour l'enfant. Il représente le social. C'est lui qui incarne la loi, l'autorité. L'enfant a souvent le sentiment que sa mère lui appartient. Quand elle l'engueule, il se dit : « Ce n'est pas grave, ça lui passera. » Le père, c'est un jugement qui vient de l'extérieur. Il n'est pas dans cette fusion dans laquelle la mère élève son bébé, y compris quand il grandit. La reconnaissance par le père et la confiance que le père vous accorde, on y croit davantage.

Comment peut-on être, pour sa fille, un meilleur père ?

Un père ne peut pas « faire » quelque chose. Il peut essayer de comprendre.

Et que doit comprendre la fille, pour améliorer les relations avec son père ?

Peut-être se dire qu'elle peut avoir un avis différent de celui de sa mère sur lui. Qu'être un mari, c'est une chose ; être un père en est une autre.

Alexandra et son père,
Dominique Lapierre

Alexandra Lapierre :
« Mon père, c'est la force de vie »

Alexandra Lapierre a 40 ans, elle est écrivain. Elle écrit surtout des romans historiques. L'un de ses derniers, Artemisia, *traite de la relation entre un artiste peintre et sa fille durant la Renaissance. Ce livre lui a demandé cinq ans de recherches. Divorcée, mère d'une fillette de 12 ans, Alexandra est la fille du journaliste et écrivain Dominique Lapierre.*

Vêtue d'une minijupe et d'un blouson de cuir, elle m'accueille dans son pied-à-terre parisien du 5ᵉ arrondissement au mobilier ancien et aux fenêtres ornées d'épais rideaux. Alexandra est une jeune femme au visage régulier et au physique agréable. Petite de taille, elle semble tout à la fois frêle et volontaire.

Absent pendant son enfance, son père est revenu ensuite dans sa vie comme un boomerang. Son histoire devient alors celle d'une tentative pour se libérer d'un père trop puissant. Comme elle le dit elle-même à propos de son héroïne, Artemisia : *« On ne se révolte jamais que contre un pouvoir. » Elle n'a, affirme-t-elle, jamais idéalisé son père, mais reconnaît que, dans son cœur, il prend toute la place.*

Quand mes parents se sont séparés, j'avais 6 ans. J'ai vécu toute mon enfance avec ma mère. Mon père était grand reporter à *Paris-Match*. Il s'absentait souvent pour ses reportages. Lorsqu'il était à Paris, il venait me chercher à la sortie de l'école pour m'emmener déjeuner au restaurant. Je me préparais pour cette rencontre comme s'il s'agissait d'un amoureux. Toute la matinée, toute la journée étaient consacrées à cette heure que nous allions passer ensemble. Je me souviens de l'excitation mélangée de bonheur et de crainte qui s'emparait de moi quand je savais que mon père m'attendait à la sortie de l'école. C'est un de mes premiers souvenirs forts dans mes relations intimes avec mon père. Celui d'un tête-à-tête dans une séduction mutuelle.

Quand j'étais enfant, je n'étais pas du tout jolie car j'étais grosse. La laideur était ma façon de m'opposer à la beauté, à l'éclat, à la toute-puissance de mes deux parents. Je m'enlaidissais à dessein. Mais j'en souffrais. Le plus insupportable était d'encourir le reproche de mon père. Il ne me disait rien mais je voyais dans son regard qu'il désapprouvait mon apparence. C'était omniprésent. Un jour, il m'a écrit une lettre très gentille dans laquelle il me demandait de ne pas me laisser aller, que je devais me prendre en main. C'était une façon douce de me parler. « Tu as deux possibilités, m'expliqua-t-il. Soit tu fais du sport, soit tu fais un régime. » C'était une manière de me dire que ma féminité était importante. Sa lettre fut loin de me blesser – nous n'étions pourtant pas très intimes et j'étais orgueilleuse. Il me décrivait sans prendre de gants ce à quoi je risquais de ressembler si je ne maigrissais pas. Cette mise en garde m'a touchée. Je l'ai ressentie comme un signe de générosité, un témoignage de son intérêt envers moi dont, jusque-là, je n'étais absolument pas certaine. Cette lettre, je m'en souviens avec reconnaissance.

Le soir de mes 15 ans, mon père m'a emmenée dîner seule à seul dans un grand restaurant. Il a lu dans le regard du maître d'hôtel qu'il pensait : « Il les prend vraiment jeunes... » Un peu gêné, mon père lui a dit : « C'est ma fille. C'est son anniversaire. » Cela me faisait pourtant plaisir que, dans cet endroit magique, on me prenne pour sa petite amie. Je voulais lui plaire.

De l'âge adulte, je garde avec lui plein de souvenirs. Le plus souvent, ils sont liés à l'écriture. C'est important, l'échange que nous avons à travers cette activité commune. Tous les deux, nous aimons les gens, les contacts humains. Mais nos livres prennent beaucoup de temps et nous forcent à une immense solitude qui nous pèse. Nous donnons l'impression

– surtout lui – de ne pas connaître la peur ni le doute. Lui, c'est quelqu'un qui fonce, sans crainte apparente. Nous sommes peut-être les seuls à savoir l'un et l'autre combien, en réalité, nous avons peur, combien nous doutons, combien nous sommes seuls. Nous mesurons l'un l'autre ce que nous coûtent ces longues périodes d'écriture. Nos livres sont très différents. Il trouve son inspiration dans l'actualité, je la trouve dans l'histoire ancienne... Mais ce moment de l'écriture qui est au cœur de notre vie, nous le vivons de la même façon. Une retraite où il faut faire et défaire, détruire et recommencer durant des jours, des mois, des années. Quand il me dit : « J'ai passé une semaine sur le même paragraphe », je sais que ce n'est pas une exagération. Je sais qu'il est inquiet, qu'il lutte, qu'il se bat. Cela nous lie énormément, la compréhension intime de cette bataille. Cela donne une profondeur à notre complicité. Il s'agit entre nous d'un soutien absolu.

Il a eu plus de mal avec mes soupirants. Je crois qu'il ne les trouvait jamais assez bien. Il ne le disait pas parce qu'il ne voulait pas me faire de la peine. Il faisait des efforts. Mais sa réserve se manifestait très clairement. Avoir un « beau-père » aussi compétitif, c'est plutôt un handicap pour les hommes que j'aime. Par prudence, par instinct de conservation – pour eux, pour moi, mais aussi pour lui –, je choisis en général des hommes si différents de mon père qu'il ne devrait y avoir aucune rivalité entre eux. Ce n'est pas un choix conscient. Mais c'est une constante. Je suis attirée par des hommes réservés, introvertis. D'autres mondes, d'autres façons de penser, d'autres modes d'exister. Je n'ai jamais eu dans ma vie un homme qui ressemble à mon père. Comme si cette place-là était prise et qu'il l'occupait tout entière.

En dehors de mon père, un autre personnage masculin a compté pour moi : mon grand-père maternel, avec qui j'ai vécu. C'est lui qui m'a élevée. L'homme de ma tendre enfance, c'est mon grand-père. Une personnalité. Je l'ai adoré. Il était fort, lui aussi, mais silencieux. Il a incarné pour moi une autre image de la masculinité. Un homme qui vous effleure la main et encore, vous n'êtes pas sûre qu'il vous l'ait effleurée, tant il la laisse libre. Si quelqu'un m'a donné l'amour des hommes tendres, c'est lui. Il a représenté pour moi le premier contact masculin. J'allais avec lui au cinéma tous les dimanches. C'était un très vieux monsieur. Il avait 80 ans. Un roc. Il ne se plaignait jamais. Un jour, il est tombé dans la rue et je garde de cet événement une des émotions les plus fortes de mon enfance. J'étais une petite fille et je n'arrivais pas à le soulever. Le trottoir était verglacé. Il retombait. Je ne parvenais pas à le porter. Je ne pouvais pas l'aider. Je ressentais terriblement sa fragilité, alors qu'il incarnait la puissance et la pérennité. Depuis, ce sont les hommes que je crois à la fois vulnérables et solides comme mon grand-père qui m'attirent. Mon grand-père est mort quand j'avais 20 ans.

Mon père et mon grand-père restent pour moi deux images très différentes de la paternité. L'un est éternellement jeune ; l'autre, vieux. L'un est fougueux, l'autre plein de silence. L'un aime la vie, le mouvement ; l'autre déteste ce qui brille et pense que les vraies valeurs ne brillent pas.

Ces deux-là ne s'entendaient pas vraiment, et ni l'un ni l'autre n'avaient besoin de me le dire.

Mon père m'a appris à ne jamais baisser les bras. Il se battra jusqu'au bout pour obtenir ce qu'il désire... et pour autrui ! C'est ce que j'adore chez lui, son élan vital et sa générosité. Il a en lui une force de vie qui va au-delà de tout ce que l'on peut imaginer. Il me donne cette impression que, lui vivant, il ne peut rien m'arriver. Il ne laisse pas le malheur détruire ceux qu'il aime. Et il me l'a profondément inculquée, la croyance qu'il faut toujours se battre, que l'on peut aider, changer l'inévitable, ne pas laisser faire les choses. Quand quelqu'un dans l'entourage de mon père est malade, je pense tout de suite, d'instinct : « Il ne le laissera pas mourir. Il le sauvera. » Un sauveur : c'est cela qu'il incarne pour moi. Sur ce point, j'ai toujours 10 ans...

Quand j'étais étudiante, je vivais à Los Angeles dans un quartier dangereux. J'habitais au rez-de-chaussée. Lorsqu'il est venu me voir à Noël, il m'a offert des barreaux pour les fenêtres. Grâce à lui, je n'avais plus peur.

Il m'a appris également que rien n'est jamais définitif, qu'il n'y a pas de fatalité et qu'il est toujours possible de transformer le destin. Sa vie entière est une mise en pratique de ce principe. Il ne peut aller nulle part sans changer le cours des événements. En Inde, par exemple, il a refusé d'être un témoin passif de l'inacceptable. Il se bat – et il donne tout!

Evidemment, il y a des moments où il faut garder ses distances et l'empêcher d'intervenir. Pour répondre à votre question, non, il n'a pas essayé de me changer. Peut-être parce que notre relation a commencé tard. J'avais été mise en garde contre son pouvoir de séduction et, pendant des années, j'ai résisté à cette séduction. Mais mon amour pour lui est peu à peu devenu plus fort que toute résistance.

Je ne crois pas avoir idéalisé mon père. Du fait de la présence d'un autre homme dans mon enfance, mon grand-père, il y avait une autre image masculine dans ma vie... Au départ, mon père a plutôt souffert d'une image défavorable. Il était parti de la maison; le divorce de mes parents ne s'était pas bien passé. C'est vraiment le temps, l'âge qui me l'ont fait découvrir. Il n'y a pas eu idéalisation, mais au contraire une lente connaissance l'un de l'autre.

Je ne sais pas si, comme Artemisia, l'héroïne de mon dernier livre, je suis l'héritière spirituelle de mon père. Nous suivons tous deux nos propres chemins. Ils se croisent, se superposent, se confondent parfois. Mais ils restent différents.

Mon père n'est pas pour rien dans mon goût pour l'écriture mais, là aussi, j'ai commencé par résister. Je clamais toujours haut et fort que jamais je n'écrirais. Je suis partie aux Etats-Unis à 21 ans et j'ai fait une école de cinéma qui m'a absolument passionnée. J'écrivais des scénarios. J'étais metteur en scène, mais pas écrivain, ni scénariste. J'étais réalisatrice.

Au bout de cinq ans, soit je devenais américaine et je m'installais aux Etats-Unis, soit je revenais en France. Je suis rentrée à Paris. J'ai repris des études de lettres. Je travaillais sur un destin de femme au XIXe siècle. A mesure que je faisais ces recherches pour présenter ma thèse, je me suis dit que ce serait un film formidable. J'ai écrit le scénario, mais il était tellement cher à réaliser que j'ai pensé en faire un livre. Je me suis donc enfermée pour écrire, refusant de rien montrer à mon père, et même de lui en parler. Si je lui faisais lire quoi que ce soit, je savais que je serais fichue. Il voudrait m'aider. Par gentillesse, par peur, il me corrigerait et je suivrais ses conseils, car lui connaissait le métier! A terme, je perdrais ma vision, ma voix. Si le livre était un succès, on penserait que c'était lui qui l'avait écrit. Et je le croirais aussi. Et si le livre était un désastre, je l'en rendrais responsable. Il vous en parlera sûrement, car il m'en a beaucoup voulu, de ma distance, de mon silence. C'est un point sensible entre nous, mais c'était pour moi un point vital. Il n'a donc lu le livre que publié. Loin de critiquer, il s'est montré enthousiaste. Le livre s'intitulait *La Lionne du boulevard.* Aujourd'hui encore, je crois qu'il a l'impression d'avoir été rejeté durant toute cette période d'écriture, de n'avoir pas été aimé. Mon père a terriblement besoin qu'on l'aime.

J'ai eu envie d'écrire *Artemisia* car le sujet a rencontré en moi un écho. Cette biographie de deux peintres rivaux, un père et sa fille, dans la Rome du XVIIe siècle, m'a obligée à me poser des questions sur leurs relations. Un jour, je suis rentrée à la maison en me disant : « Ça y est, je sais le livre que je veux faire », et je l'ai résumé en riant : « C'est l'histoire d'une passion entre un père et sa fille, un amour fou. »

Le père, pour Artemisia Gentileschi, reste la référence – la mesure de tout. Que sa peinture à elle puisse ne pas plaire à son père, qu'il puisse la trouver molle ou la critiquer, lui fait remettre fondamentalement en doute sa puissance créatrice. Il demeure son maître. Mon père a ce pouvoir sur moi. Il peut y avoir des sursauts, il peut y avoir des révoltes, mais on ne se révolte jamais que contre un pouvoir.

Son opinion compte énormément. Si ce que j'écrivais ne lui plaisait pas, je l'écrirais tout de même, exactement comme je crois qu'il faut que ce soit écrit

– mais dans la souffrance. Comme je ferais ce que je croirais devoir faire, même s'il le désapprouvait. Je le ferais... mais sans joie. Mon père, comme le père d'Artemisia, garde ce pouvoir de colorer la vie. De tons tristes ou gais! A la fin de sa vie, Orazio Gentileschi demande à sa fille d'abandonner son travail pour venir terminer son œuvre à lui. Artemisia est alors en pleine gloire, au faîte de sa puissance créatrice. Mais elle accepte. Elle peindra pour lui. Et c'est son père qui signera les tableaux. Mon père pourrait me demander quelque chose d'aussi énorme.

Dominique Lapierre :
« Avec Alexandra, j'ai l'impression d'avoir un peu enfanté un autre moi-même. »

Il est l'auteur, avec Larry Collins, de Paris brûle-t-il ?, O Jérusalem, Cette nuit la liberté, Le Cinquième Cavalier ; *surtout, de* La Cité de la joie, *qui atteignit le tirage phénoménal de huit millions et demi d'exemplaires. Dominique Lapierre est le père d'Alexandra. Physiquement, il est grand, baraqué, bouillonnant de vie, fort de sa réussite professionnelle et personnelle, mais lorsqu'il parle de sa fille, l'émotion affleure et, avec elle, l'inquiétude, le souci qu'il a d'elle. La fierté transparaît dans sa voix. Dominique Lapierre éprouve une admiration inconditionnelle pour sa fille.*

Mon expérience avec ma fille est particulière. Du fait de ma séparation d'avec sa mère, j'ai partagé sa tendre enfance seulement jusqu'à l'âge de 5 ans. J'étais reporter à *Paris-Match*, donc rarement à Paris. J'allais la chercher aussi souvent que possible à la sortie de l'école. Nous passions des moments ensemble mais nous ne cohabitions pas, ce qui m'a privé de la voir grandir. Ce n'est que plus tard, quand elle est devenue adolescente, que nous avons pu nous retrouver d'une façon intime, personnelle, tendre, ce qui a été merveilleux.

Toute son enfance, Alexandra a été entretenue dans l'idée d'un père baroudeur, toujours absent. Elle a donc retrouvé une personne qu'au fond elle ne connaissait pas. Nos retrouvailles se sont produites dans ma maison en Provence, où elle venait passer de longues vacances. Depuis l'âge de 5 ou 6 ans, Alexandra écrit son journal. Elle possède donc des piles et des piles de cahiers et, un jour, à l'occasion de ses vacances, elle devait avoir 10 ou 12 ans, elle m'en a lu certaines pages qui ont pour moi ouvert une porte sur une personne que je ne connaissais pas. Sur des liens que je ne soupçonnais pas : des liens d'amour, des liens d'admiration qui l'attachaient à moi et dont je n'avais jamais soupçonné l'existence. Cela a été une bouleversante découverte.

Il faut dire que j'ai eu la chance d'épouser en secondes noces une femme avec qui Alexandra s'est tout de suite entendue. Et pourtant, l'une des premières paroles qu'Alexandra ait dites à Dominique fut : « Je ne veux pas que tu tombes amoureuse de mon papa. » Elle avait 10 ans et une complicité très forte allait s'établir entre elle et ma femme. Ce devint même une véritable passion qui allait favoriser mon intimité avec Alexandra. Il n'y avait pas d'hostilité, pas de rivalité, ni de jalousie. En fait, grâce à ma femme, j'ai pu voir davantage Alexandra qui est venue plus souvent avec nous en vacances.

Alexandra faisait des études littéraires à Paris. Elle était toujours plongée dans des livres du XIXe siècle. Elle continuait d'écrire son journal et des nouvelles. Elle me les envoyait. J'étais devenu l'un de ses premiers lecteurs. Je me suis rendu compte qu'elle avait un vrai talent littéraire, mais elle voulait faire de la mise en scène de cinéma. Après avoir passé brillamment son bac et une licence de littérature, elle a souhaité partir étudier aux Etats-Unis. Elle allait y passer cinq années pour y suivre des cours de mise en scène à l'Université de Californie du Sud. Ses professeurs étaient les plus grands maîtres du cinéma. Ils s'appelaient Francis Ford Coppola, Steven Spielberg et George Lucas.

Une nuit, nous avons reçu un appel téléphonique de Los Angeles en PCV. Les communications en PCV étant très onéreuses, j'avais l'habitude de refuser les appels et de rappeler aussitôt Alexandra. Mais, cette fois, j'ai entendu Alexandra crier dans l'appareil : « Papa, papa, accepte la communication ! » Cela fut la plus grande frayeur de ma vie. Alexandra se trouvait dans la salle de réanimation d'un hôpital de Los Angeles où elle avait été transportée d'urgence.

Alors qu'elle montait un film dans une des salles de montage de l'université, sa main avait été happée par une bobine de film qui tournait à toute allure, et elle avait été très sérieusement blessée. Ses doigts et sa paume étaient en lambeaux. Tout d'un coup, j'ai pris conscience de la fragilité de ma fille seule au bout du monde, que quelque chose de grave pouvait lui arriver. C'était vraiment affreux. Cela a encore renforcé nos relations.

Alexandra est rentrée en France avec un diplôme de mise en scène de cinéma de la prestigieuse Université de Californie du Sud. Elle avait tourné quatre films, et elle avait eu de si bonnes notes qu'elle avait été invitée à passer une année à l'American Film Institute. A son retour, elle s'est rapidement rendu compte que le métier de metteur en scène exige de multiples dons qui n'ont rien à voir avec le talent artistique et la création. S'il veut réaliser un film, un metteur en scène doit aussi être un financier, un négociateur, un politique. Elle a commencé par écrire un scénario. Je l'ai lu et j'ai trouvé l'histoire formidable. Je lui ai dit : « Pourquoi n'en ferais-tu pas un roman ? » Cela a été pour elle comme une illumination, cette découverte qu'elle pouvait exprimer son talent sans dépendre d'un preneur de son, de la météo, du caprice d'une actrice ou de la tyrannie d'un producteur. Et elle a écrit *La Lionne du boulevard*, l'histoire de Céleste Mandragore, une grande courtisane de la fin du XIXe siècle qui est devenue la maîtresse de Napoléon III. Le livre a obtenu un grand succès et a été traduit dans plusieurs langues. C'est ainsi qu'Alexandra s'est lancée dans l'écriture romanesque.

Pendant son exil américain, Alexandra avait pris l'habitude de nous envoyer d'interminables lettres de sa grande écriture qui remplissait une page avec cinq lignes. Quand elle s'est installée à Rome pour enquêter sur la plus célèbre femme peintre de la Renaissance, Artemisia Gentileschi, elle a continué à nous écrire. Elle nous racontait ses dîners dans les palais de Rome en compagnie de comtesses, de cardinaux et de toute l'intelligentsia italienne. Des dîners qui avaient toujours pour décors des tableaux du Caravage, de Giotto ou de Botticelli. Elle a un tel don de narration, ses histoires étaient si merveilleuses que nous avons conservé toutes ses lettres jusqu'au jour où nous les lui avons rendues en lui disant : « Là, tu as la matière d'un livre formidable. » C'est à partir de tout ce qu'elle racontait dans ses lettres qu'elle a écrit son dernier livre, *Le Salon des petites vertus*.

C'est une chance d'avoir une fille qui est également écrivain car elle peut comprendre toute la solitude, tous les problèmes qu'implique ce métier. Car ce n'est pas facile de fabriquer un livre. En réalité, c'est une entreprise terriblement complexe, surtout quand il s'agit de très longues enquêtes, quand il faut vivre pendant trois ou quatre ans avec des centaines de personnages, quand il faut éplucher des dizaines d'ouvrages et étudier des tonnes d'archives et de documents. Entre elle et moi, ce métier d'écrivain est un trait d'union exceptionnel.

Elle a épousé un garçon merveilleux, issu d'une très bonne famille. Leur idylle est née un jour de pluie à Venise, au bord du Grand Canal. Pendant des heures, ils se sont raconté leur enfance solitaire. Lui avait perdu son père très jeune. De son côté, Alexandra n'avait pas beaucoup vu le sien. Au terme d'un long échange de souvenirs, ils décidèrent de prendre ensemble une revanche sur la solitude. Leur union nous donna une sublime petite fille, Garance. Mais la vie est cruelle, et le plus bel amour peut s'effondrer brutalement. Alexandra choisit un jour de reprendre sa liberté. Cette brisure, cette fracture du divorce l'a incitée à écrire un livre poignant, *L'Absent*, qui a été pour elle une sorte de thérapie. Elle s'était en effet aperçue qu'elle s'était inventé un monde à elle qui ne correspondait pas à la réalité. Sa décision de se marier avait été un peu poussée par son côté romanesque.

Nous nous appelons presque tous les jours au téléphone. Une de mes plus grandes irritations, c'est quand son portable est débranché ou déchargé. C'est si excitant de pouvoir partager nos enthousiasmes, nos doutes au sujet de l'écriture. Mon dernier objet d'admiration : elle s'est convertie aux mystères des ordinateurs, elle qui n'est pas du tout manuelle, qui a même un problème pour distinguer sa gauche de sa droite.

Est-ce que j'ai le sentiment, en tant que père, d'avoir mis en valeur sa féminité? Pas vraiment, non. Quand je l'ai conduite à son mariage dans la vieille Rolls-Royce avec laquelle je venais de traverser toute l'Asie, en revenant de Bombay à Ramatuelle, quand elle est montée dans cette voiture dont je n'étais que l'humble chauffeur, j'ai été émerveillé par sa beauté et sa grâce. Bien sûr, c'était important qu'elle soit jolie, mais ce qui a toujours compté le plus pour moi, c'est son intelligence.

Je suis sans cesse émerveillé par son professionnalisme, par sa science de la description, par la façon dont elle analyse les personnages de ses livres pour les faire vivre pour des centaines de milliers de lecteurs. Je crois lui avoir montré l'importance de la volonté pour aller jusqu'au bout d'un sujet. Une volonté qu'elle a magnifiquement développée et qui ne cesse aujourd'hui de faire mon admiration.

Alexandra m'a aidé à comprendre qu'un père pouvait être un recours. Depuis quelques années, surtout après son divorce, j'ai senti combien je comptais pour elle. Mon combat contre le cancer l'a bouleversée. Car elle découvrait tout à coup que son père pouvait disparaître, que cet homme solide et baroudeur, à qui tout semblait réussir, était fragile. Cela a été une découverte traumatisante pour elle. De mon côté, j'ai senti, à ce moment de fragilité, à quel point Alexandra compte pour moi.

Sur le plan des valeurs humaines, elle a pris conscience que, depuis vingt ans, je partage tous mes droits d'auteur avec une association humanitaire qui a changé la vie – elle l'a vu, elle est venue sur place en Inde – de centaines de milliers de déshérités. A ce jour, grâce à mes droits d'auteur, j'ai pu contribuer à guérir neuf mille enfants lépreux, creuser plus de cinq cents puits d'eau potable, supprimer la tuberculose dans mille deux cents villages du Bengale et tout récemment lancer quatre bateaux qui apportent des secours médicaux dans une région du delta du Gange totalement abandonnée. Elle a compris qu'un écrivain, à un certain moment de sa vie professionnelle, pouvait vouloir ne plus être seulement un témoin, mais aussi un acteur capable de changer le monde qu'il décrit. Qu'on pouvait être, toutes proportions gardées, un peu Hemingway et aussi un peu Mère Teresa.

J'ai rencontré la « sainte de Calcutta » un jour de 1980. Je l'ai suivie dans les bidonvilles et je me suis aperçu que cette petite silhouette toute ratatinée répandait autour d'elle une onde d'amour et d'espérance. Son exemple a été le choc de ma vie. Et une formidable inspiration. Mère Teresa m'a présenté à un Anglais qui avait créé un foyer pour enfants victimes de la lèpre, qu'il était sur le point de fermer faute de ressources financières. Je lui ai donné la somme dont il avait besoin. Cela a été le début de mon engagement humanitaire. Je pense qu'Alexandra est sensible à ce type de décision. Pour elle, je n'étais plus seulement un écrivain connu, mais aussi quelqu'un capable d'apporter un peu de justice et d'amour aux plus démunis.

Je pense qu'elle a compris, au travers de cet engagement humanitaire, que l'important n'est pas uniquement d'écrire des best-sellers, de collectionner les vieilles voitures, d'avoir une vie excitante, mais aussi de contribuer à supprimer quelques injustices sur cette terre. Ma femme et moi rentrons d'Inde. Nous venons d'ouvrir une clinique gynécologique à Bhopal, une ville indienne qui a été victime en 1984 de la plus grande catastrophe industrielle de l'histoire. Le récit de cette tragédie est le thème de mon dernier livre, *Il était minuit cinq à Bhopal*. L'année dernière, nous avons envoyé six millions de francs à nos différentes actions humanitaires. Il y a cinq ans, nous avons vendu notre maison de la presqu'île de Saint-Tropez, que j'avais construite pierre par pierre et agrandie au fur et à mesure des années grâce aux droits d'auteur de mes livres. La vente de cette maison pour financer nos activités à Calcutta a été un crève-cœur pour Alexandra.

Alexandra m'a fait découvrir des montagnes de choses. Je suis émerveillé par ses qualités de mère et par le sérieux de son travail littéraire. L'entendre aujourd'hui parler italien comme une Romaine est un vrai régal. Nous avons tant de points communs! Avec elle, j'ai l'impression d'avoir un peu enfanté un autre moi-même. Nous sommes sur la même longueur d'onde. Tous ses problèmes, toutes ses questions sont mes problèmes et mes questions.

Quand le père est absent

On croyait que la plupart des cas d'anorexie et de boulimie provenaient de mauvaises relations avec la mère. Dans son livre *Father Hunger* [1] (La Faim du père), Margo Maine démontre qu'ils procèdent au contraire de mauvaises relations avec le père.

Le travail en clinique spécialisée a mis cette psychologue américaine, spécialiste de l'anorexie mentale et de la boulimie chez l'adolescente, en contact avec des milliers de filles atteintes de troubles alimentaires. La maladie lui a permis d'explorer en gros plan ce qui reste d'habitude dissimulé au fond des consciences. Elle lui a fait comprendre à quel point les filles ont besoin de l'aide de leur père pour devenir des jeunes femmes positives, fortes, sûres d'elles et capables de bien gérer leurs relations à autrui.

Quand les pères ne s'impliquent pas, sont absents ou trop faibles, leurs filles, selon Margo Maine, passent par l'expérience d'une faim profonde et insa-

---

1. *Anorexie, boulimie, pourquoi?* de Margo Maine, Le Souffle d'or, 1995, traduction de Véronique Massin.

tiable : celle du père. Tous les textes en italique sont extraits de l'ouvrage de Margo Maine.

« La faim du père, écrit-elle, est ce désir profond et persistant d'un lien émotionnel avec le père. Quand ce besoin légitime est satisfait, les enfants ont suffisamment confiance en eux pour grandir avec le sentiment qu'ils sont en sécurité, forts, et " à la hauteur "[1]. *»*

Or, jusqu'à ces dernières années, les petits garçons étaient fortement encouragés à ne pas exprimer leurs émotions et leurs sentiments. On les enhardissait à agir, surtout pas à ressentir. Et quand, plus tard, ils devenaient pères à leur tour, ils devaient faire face à une intimité à laquelle ils n'étaient pas préparés. Beaucoup, se sentant désarmés, laissaient à leur femme le soin de s'occuper des enfants. Chez eux, ils se tenaient à l'écart et avaient souvent l'impression d'être inutiles et sans importance. Lorsqu'ils avaient envie de s'investir, ils ignoraient comment s'y prendre.

« Les mythes selon lesquels la mère serait par nature un excellent parent et le père, totalement inepte, conduisent de nombreux hommes à abdiquer de leur rôle de parent[2]. *»*

---

1. *Op., cit.*, p. 25.
2. *Op., cit.*, p. 213.

C'est la société dans laquelle nous vivons, selon Margo Maine, qui aurait perpétué le mythe selon lequel le père joue un rôle secondaire dans l'éducation des filles. La révolution industrielle, en obligeant les pères à partir de la maison, a modifié considérablement l'environnement familial. La réussite professionnelle est devenue le premier objectif des hommes, qui ont alors laissé reposer sur les femmes l'entière responsabilité de l'éducation des enfants. Les familles qui continuent aujourd'hui d'adhérer à cette tradition culturelle ont l'air de bien fonctionner à un niveau superficiel. Mais ces règles et ces rôles réducteurs sont en réalité à l'origine de nombreuses insatisfactions personnelles : les parents ne se trouvent généralement pas soutenus l'un par l'autre, les mères se sentent écrasées de responsabilités, les pères ont le sentiment d'être exclus et les enfants ne reçoivent pas l'amour, la sécurité et la reconnaissance auxquels ils ont droit. En règle générale, les pères les plus identifiés au rôle de pourvoyeur économique sont, selon Margo Maine, les moins doués en matière de communication personnelle. L'esprit de compétition, la mentalité de battant et la capacité de prendre des décisions rapides et logiques, qui sont les clés de la réussite professionnelle, sont des qualités qui se révèlent souvent désastreuses à la maison.

Il n'existe aucun substitut à l'amour d'un père. Les filles interprètent le retrait de leur père comme un signe de leur propre défaillance. Elles se sentent incapables de plaire. Au lieu de lui reprocher son absence, elle s'en prennent à elles-mêmes. L'incapacité des pères à se relier à leurs filles engendre chez celles-ci des sentiments de rejet, d'abandon, de doute, d'anxiété, de peur et de tristesse. Les filles qui ont faim d'être enfin remarquées par leur père entrent forcément dans l'adolescence et l'âge adulte avec un sens d'elles-mêmes vacillant.

« *Une jeune fille qui ne se sent pas reconnue, valorisée, vue ou entendue par son père – qui n'a pas l'impression d'être " réelle " à ses yeux – s'attend à vivre la même expérience avec la société dont il est pour elle le représentant le plus important. Elle se demande si elle pourra jamais faire partie de ce monde alors qu'elle ne fait même pas partie de sa vie à lui, et si elle se sentira jamais aimée et acceptée* [1]. »

Son expérience de la vie est l'isolement, elle est désemparée, coupée de tout. Espérant se relier au monde, le mieux qu'elle puisse faire, c'est de se trouver une petite place, prescrite par les autres, qui ne correspondra pas forcément à ses aspirations réelles. Elle exprime donc sa féminité comme le veut la société : un corps mince est associé à la perfection, au succès, au statut social et au bonheur. Les diktats de

---

1. *Op., cit.*, p. 187.

la mode, faute d'autres repères, feront pour elle office de loi. Encouragée par une culture enseignant qu'une fille a seulement besoin de sa mère, l'adolescente va faire de son mieux pour nier ce besoin du père. Elle discipline ses élans vis-à-vis de la nourriture, de ses besoins émotionnels et de la vie.

Ce manque d'attention de la part du père, poussé à l'extrême, peut ainsi pousser certaines jeunes filles à entrer en guerre contre leur propre corps. Manger trop ou trop peu les aide à contrôler leur tristesse. En niant leur besoin de nourriture, elles cherchent en fait à rejeter leur féminité et à réfréner leur appétit de liens avec autrui.

S'il était présent émotionnellement, le père pourrait faire passer à sa fille d'autres messages sur la beauté, la valeur personnelle et l'image du corps, contrebalançant ainsi ces puissantes influences culturelles. Les filles, affirme Margo Maine, ont besoin d'un père pour corriger l'image que la société donne de la minceur, du charme et de la réussite. S'il joue un rôle constructif, la fille n'a pas besoin de se rabattre sur des raisonnements du type : « Si seulement j'avais un corps parfait » pour se sentir compétente, appréciée et à l'aise avec sa féminité.

« Les pères jouent un rôle très spécial pour les filles au moment où celles-ci passent de l'enfance à l'adolescence.

Pour pouvoir devenir des jeunes femmes, elles ont en effet besoin d'être "courtisées", d'une façon non séductrice, par leur père. Elles veulent se sentir séduisantes, féminines et acceptées par l'homme le plus important de leur vie. Cela les aide à bien vivre les changements qui se produisent dans leur corps et à se sentir plus sûres d'elles avec les garçons[1]. »

Un changement se produit lorsque les filles entrent dans l'adolescence. A ce moment-là, la plupart d'entre elles basculent dans la confusion et le refus de soi. Même si les adolescentes peuvent paraître compétentes, elles se ressentent rarement ainsi. Elles sont au contraire incertaines et souvent honteuses de leurs pensées, de leurs désirs et de leurs sentiments. Dans bien des cas, elles ne sont guère préparées à faire face aux nouvelles pressions d'un monde qui semble valoriser la séparation et l'autonomie. Elles ont appris à réprimer leurs besoins.

« *Tandis que les hommes sont incités à faire preuve d'indépendance et à reporter toute leur attention sur eux-mêmes, les femmes reçoivent des messages subtils, et parfois beaucoup moins subtils, les exhortant à ignorer leurs propres besoins pour contenter ceux des autres[2].* »

---

1. *Op., cit.*, p. 48.
2. *Op., cit.*, p. 89.

La fille développe également son identité de femme en voyant son père interagir avec les femmes de son entourage. Elle observe les traits de caractère qu'il apprécie, les attitudes qu'il encourage ou qu'il dédaigne. Le comportement du père face à sa mère influence la fille adolescente dans sa lutte pour déterminer en quoi elle devra ressembler à sa mère et en quoi elle devra être différente. L'attitude d'un père à l'égard de son épouse influence considérablement l'identité féminine naissante de sa fille. Une fille qui grandit en voyant sa mère recevoir peu de marques de gratitude ou de reconnaissance peut facilement développer des sentiments négatifs à la perspective de devenir une femme. Si un père rabaisse sa femme, il rabaisse aussi sa fille.

Nombre d'études ont montré que les femmes ayant eu, pendant leur enfance, un père attentif et proche d'elles ont développé un puissant sens de leur identité et une très bonne estime personnelle. De même, parmi une population donnée d'étudiantes, celles qui estiment avoir un père proche d'elles, émotionnellement accessible et intéressé par leur développement, s'adaptent bien et ont plus de facilités dans leurs relations avec les hommes. Celles qui se sentent rejetées par leur père ont de moins bons résultats. La faim du père crée le moule dans lequel vont s'inscrire leurs futures relations avec les hommes et les rend toutes prêtes, écrit Margo Maine, « *à faire n'importe quoi pour obtenir l'approbation de ces messieurs* ».

Le modèle du père pourvoyeur économique a subi une première grave remise en question durant le krach de 1929. Depuis, crises, révolutions et chômage aidant, les hommes ont commencé à s'interroger sur la sagesse qu'il y avait à définir leur identité exclusivement à travers le travail. Beaucoup de jeunes ont commencé à voir la masculinité et le mythe qui lui est associé comme néfastes. La plupart des hommes refusent aujourd'hui d'être de simples pourvoyeurs économiques de la famille, mais il n'existe aucune carte leur indiquant la voie vers ces nouvelles contrées du rôle paternel.

« Comment un homme qui n'a pas vraiment eu de père pourrait-il savoir comment se comporter en père ? Comment une mère qui elle non plus n'a pas vraiment eu de père pourrait-elle aider son mari à avoir avec leurs enfants une relation constructive ? »

Guérir sa relation avec le père, selon Margo Maine, c'est devenir « vraie ». Une personne vraie accorde davantage de valeur à ses relations et à l'amour qu'à son apparence ou à son poids. Une personne vraie ne cherche plus constamment à avoir l'air « bien » ou « parfaite ».

Valérie et son père

Valérie Clausier :
« Mon père a été
le premier homme de ma vie »

Valérie Clausier a 38 ans, la chevelure rousse, une sil-houette carrée et le verbe haut. Elle a accepté avec enthousiasme de me parler de son père. René Clausier était un musicien connu sous le nom de Phyliform, il était également chef d'orchestre et l'un des paroliers de Bourvil.

Valérie Clausier ne parle presque pas de sa mère, morte lorsque sa fille avait 23 ans. Son père, c'était son dieu, elle l'a longtemps admiré plus que tout au monde. Parce qu'il avait été « frappé par le destin », elle l'a placé dans un premier temps sur un piédestal, idéalisé. A ses côtés, elle a tenu un rôle de confidente, mais aussi de mère. Elle se voit comme un baume sur ses blessures. Leur relation a été fusionnelle, comme un mariage jamais rompu. Valérie a entrepris un long travail sur elle-même pour s'en libérer. Dans son enfance, Valérie était obèse. Elle ne l'est plus. Divorcée, mère d'un enfant, elle vit aujourd'hui avec un compagnon. René Clausier avait été un père trop présent, mais aussi un père absent car souvent parti en tournée.

A l'âge de 20 ans, lors de son service militaire en Algérie, mon père a été amputé de la main gauche à la suite d'un accident. A l'époque, il était champion olympique d'athlétisme dans la catégorie étudiants : lancer de javelot, lancer du poids, course... Cette perte a été pour lui un drame.

Il m'a caché qu'il avait une main en moins jusqu'au jour où je suis entrée par hasard dans la pièce où il se trouvait. Il avait enlevé sa prothèse, j'ai vu un moignon, et cela a été l'un des premiers chocs de ma vie. Quel âge j'avais ? Je suis incapable de le dire. J'étais toute petite.

Mon père ressentait ce handicap comme une injustice. Il en éprouvait beaucoup de ressentiment. Derrière chacune de ses paroles, il y avait un message caché : « Vois ce qui m'est arrivé ! Moi, je suis debout. Toi, tu n'as pas le droit de te plaindre. » Il me poussait à une exigence intérieure infaillible et se montrait souvent intransigeant. Il fallait toujours se tenir debout devant toutes les adversités.

C'était un homme qui dégageait beaucoup d'énergie, il était charismatique. Il avait une tête léonine. Quand il entrait dans une pièce, vous vous sentiez interpellé. Après son accident, il a trouvé un second souffle dans le travail artistique. A travers la musique, il a vécu une renaissance. Avant de devenir chef d'orchestre, il a été chanteur de rock avec Les Chaussettes Noires. Il a été aussi chanteur jazzy. Il se cherchait.

Moi aussi, j'ai baigné dans cette ambiance Saint-Germain-des-Prés, du vieux Paris de la poésie. Il me faisait partager ses vibrations. J'étais utilisée – c'est le mot – comme témoin de sa vie. J'étais sa fille unique, je devais donc être son oreille. Il arrivait souvent que, alors que je me trouvais près de lui, une émotion le saisisse, un désir créateur, intense, fort. D'un seul coup, il exprimait des sensations, des impressions sur la vie, sur ce qu'il avait vécu, sur l'injustice. C'était comme une grande marée qui déferlait. L'instant d'après, il pouvait basculer dans une ambiance plutôt de l'ordre du féminin, douce, calme. Et j'étais sans cesse témoin de ces variations de rythme, avec tout ce que cela impliquait de rêverie, d'imaginaire mais aussi d'angoisse. Cela n'a pas été simple à vivre.

Il y avait un aspect que je qualifierais de télépathique dans notre relation. Il avait un bureau où il travaillait quand il n'était pas en tournée. Il se plongeait dans de profonds silences et, d'un seul coup, au milieu de la nuit, il composait, chantait. Mon lit était collé contre un mur mitoyen de ce bureau. Toute poussée créative dans la nuit me réveillait. J'entendais dans mes rêves ses rêves créateurs. Même dans la journée, parfois, mes pensées étaient entrecoupées de la voix de mon père, des sons de mon père. Il y avait entre nous un fil ténu, invisible, qui à la fois m'a nourrie, qui a fait de moi ce que je suis aujourd'hui, mais qui m'a aussi déconnectée de la réalité. C'est la raison pour laquelle j'ai été attirée par le rêve éveillé des surréalistes : il correspondait bien à la manière dont j'avais construit ma personnalité.

Au quotidien, il fallait que je gère une présence-absence. Soit mon père était parti en tournée, et je le vivais comme un abandon. Soit il était là, se retirait dans sa créativité et exigeait de moi d'être en permanence son témoin. J'avais l'impression d'être à la fois sa muse et rejetée.

C'était donc quelqu'un d'intense, d'extrême, de déroutant, qui pouvait faire peur, mais qui était aussi séduisant. Avec lui, impossible d'être dans l'apparence. Parce qu'il était handicapé, il exigeait des autres l'authenticité, d'aller jusqu'au bout d'eux-mêmes, de se mettre à nu. Il me mettait au défi de faire sortir des choses de moi. Mais j'avais davantage l'impression d'être envahie que d'avoir le droit d'être ce que j'étais. Cela a eu pour conséquence que je n'ai jamais pu supporter que l'on m'impose un conditionnement, des règles. Je voulais être ce que je suis. J'ai reçu en héritage ce côté rebelle, pas évident à vivre au quotidien, mais riche de potentialités. Les rencontres que j'ai faites par la suite ont été de belles rencontres, je me suis construite à travers elles.

Les femmes, en général, étaient sa nourriture. J'avais sans doute une place toute particulière dans son cœur, mais sa démarche était égocentrique. Il ne portait pas sur moi un regard aimant pour ce que j'étais, mais plutôt un regard aimant pour ce que je pouvais lui apporter. Il en avait besoin pour survivre. J'en ai souffert. Je me sentais la fille de mon père sur un plan à la fois spirituel et créatif, mais je lui en voulais de ne pas intégrer mon univers de petite fille, puis, plus tard, de femme.

Il utilisait les femmes, moi comme les autres. Ma mère et ma grand-mère y ont laissé leur peau. J'étais la rebelle de la famille. Ce père à qui je ressemblais tant a été la première autorité contre laquelle j'ai dû lutter. Pas n'importe quelle autorité, une autorité intérieure très forte qui pouvait me détruire et me bouffer. Il me construisait et, simultanément, il me vampirisait. Dans un premier temps, ma rébellion s'est traduite par d'intenses controverses. Je le contredisais. Bizarrement, ce n'était pas un intellectuel. Il se revendiquait comme un être primitif. Il se disait écologiste dans l'âme, anarchiste, mais il était aussi très structuré. Nos discussions pouvaient durer des heures. Je devais lui tenir tête, il me provoquait tout le temps. C'est ainsi que je suis devenue une militante de la défense des droits de l'homme. J'ai beaucoup lutté pour le respect de la différence. J'avais vécu avec un être différent des autres, mais qui avait cherché à nier sa différence et n'avait pas respecté la mienne. Mon père, de son côté, devenait de plus en plus fasciste, et je l'ai très mal vécu. Cet être qui, pour moi, incarnait la liberté, basculait d'un seul coup dans une intolérance totale. Nos rapports ont pris une tournure violente. Je ne pouvais plus supporter d'être dans la même pièce, en contact avec lui.

Mon père a été le premier homme de ma vie. Il mélangeait les énergies masculine et féminine. Cela a profondément troublé mon identité. Il avait cette intensité mâle, presque sauvage, primitive, et aussi un côté tellement caressant, doux, féminin, artistique. J'étais à la recherche d'un homme à la fois capable d'intensité et de douceur. Or, je croisais soit des hommes intenses, très masculins, et cela ne marchait pas ; soit des hommes qui avaient rejeté ce pôle masculin parce qu'ils en avaient eux-mêmes souffert, qui étaient très féminins et attirés par mon côté un peu masculin. Je n'arrivais pas à me situer. Le père de ma fille, avec qui j'ai vécu et qui a compté pour moi, était un homme doux, féminin, qui m'a apaisée. Mais, à l'époque, j'avais un côté flamboyant. J'avais besoin que ce soit plus intense. J'ai donc décidé de reprendre ma route.

Avec mon père, j'avais toujours l'impression de vivre en apnée, entre une absence et une présence, et cette sensation, j'ai longtemps cherché à la retrouver dans ma relation avec un homme. J'étais à la recherche de figures masculines qui m'avaient marquée artistiquement, comme André Breton. Physiquement, mon père lui ressemblait et, artistiquement parlant, leurs démarches se rencontraient. Je vivais avec un mythe dans la tête qui, au cinéma, aurait pu ressembler à Lino Ventura : des gueules, des personnages... Aujourd'hui, avec la maturité, et le travail que j'ai fait sur moi, ce n'est plus le cas.

Avec un homme, j'ai besoin de ressentir une musicalité intérieure, la rythmique qu'il met dans sa vie. Si je ne sens pas ce mouvement de sons, d'odeurs, de couleurs, je m'ennuie. J'ai vraiment besoin d'intégrer dans le quotidien des moments extraordinaires, une rencontre magnétique. J'ai besoin de cette rencontre que mon père instaurait avec tous les êtres humains. Avec les femmes, j'y arrive bien, je n'ai aucun problème. Avec les hommes, j'aimerais que cela se produise plus souvent.

Tous les hommes que j'ai attirés et que j'attire encore sont des hommes sensibles à mon authenticité. D'ailleurs, cela marche aussi dans le sens inverse : je suis attirée par des hommes authentiques. Par l'intensité de que je vis et de ce que je suis, je fais souvent peur aux hommes d'aujourd'hui. Je suis persuadée que j'aurais plu à des hommes de la génération de Lino Ventura ou d'André Breton. C'étaient des hommes qui prenaient le temps d'être humains avec densité. J'ai tendance à penser que les hommes, de nos jours, sont un peu inconsistants.

Mon père m'a-t-il donné confiance en moi ? Oui et non. Même si son énergie, lumineuse, chaleureuse, forte, a installé quelque chose en moi, il n'a pas su me voir en tant que femme, ni me respecter comme un être humain à part entière, distinct de lui. C'est pourquoi j'ai eu l'impression d'avoir des « trous » dans la structure de ma personnalité.

Sur le plan artistique, il me vivait comme une concurrente. Il ne fallait surtout pas que je prenne sa place. Au lieu d'accepter que je puisse m'exprimer et de m'aider, il a plutôt tenté de m'écarter. Je devais rester son oreille. J'en souffrais parce que j'avais envie de m'exprimer artistiquement, mais son ombre pesait sur moi.

Il faut savoir que cette relation a été par moments tellement difficile pour moi que je me suis protégée en créant un bouclier de graisse. J'étais une enfant obèse. La libération de cette barrière de graisse ne s'est pas du tout faite par la parole. Les mots sont venus après. Elle s'est faite grâce à un travail de retour sur moi-même, d'apprentissage de la respiration par le yoga et le massage californien. Grâce à ce retour aux sources, la peur s'est estompée. J'ai compris que le temps était venu de ne plus avoir peur d'être envahie, que ce soit par mon père, par l'autorité masculine ou par l'homme de ma vie. Là, j'ai commencé à maigrir. Alors, cela a été génial, je me suis retrouvée, je n'avais plus peur de séduire.

Le massage a été très réparateur pour moi qui, dans ma prime enfance, n'avais jamais été touchée par mon père. Il ne faut pas oublier qu'il n'avait qu'une main. Il avait un complexe. Je me souviens pas que mon père m'ait jamais prise dans ses bras. Or, je suis quelqu'un de très tactile, je fais beaucoup de poterie. Le massage a été pour moi un révélateur. J'avais enfin l'impression d'avoir des formes qui vivaient, que je faisais naître mon propre corps. Dès lors, j'ai perdu vingt-cinq kilos. Pour construire ma féminité, j'ai dû faire un énorme travail intérieur. J'ai travaillé avec un psychothérapeute qui m'a fait découvrir que j'avais été pour mon père une béquille. J'étais le pilier sur lequel il avait besoin de se poser, et cette énergie, il m'a fallu me la réapproprier.

J'ai vécu cette expérience d'être un baume pour une personne qui avait subi une blessure profonde. Ce n'est pas pour rien que j'ai décidé d'être professeur. Cela m'intéressait d'accompagner des êtres dans leur accouchement intime. De même, lorsque j'enseignais le droit, je n'étais pas uniquement professeur pour transmettre des savoirs, j'étais là pour accompagner ce qui pouvait, à un moment donné, servir de révélateur à l'être humain. Enseigner le droit signifiait enseigner le respect des différences, et c'était important pour moi.

Louis Parez :
« Le père initie
à ce qui est inconnu »

Louis Parez habite en Belgique et travaille souvent aux Etats-Unis, au Canada ou en France. Il a 35 ans. Il est psychologue-praticien et, depuis dix ans, supervise des ateliers « père-fille » dans le cadre de l'association cœur.com qui s'est donné pour but de permettre l'ouverture du cœur, souvent négligé au profit de l'intellect.

Créés à l'origine par le célèbre psychothérapeute québécois Guy Corneau, ces ateliers sont largement inspirés de ses thèses, qu'il développe dans un livre passionnant intitulé N'y a-t-il pas *d'amour heureux* [1]. *Guy Corneau et, à sa suite, Louis Parez estiment que, depuis la révolution industrielle, le père manque à l'intérieur du foyer. Conséquence : la petite fille, qui idéalise ce père lointain et souvent absent, recherchera plus tard cette même figure inaccessible chez les hommes de sa vie. « Un jour mon prince viendra » pourrait se traduire par « Un jour mon père viendra, un jour il m'aimera ». Le risque, pour la jeune fille, est de demeurer prisonnière de son*

---

1. Paru aux Editions Robert Laffont, 1997.

romantisme. Sa libido se dilue alors en rêveries impossibles, au lieu de se canaliser dans un amour réel. De plus, l'amour romantique prendra plus tard pour elle une importance démesurée car elle y cherchera la confirmation de sa propre valeur, comme elle le faisait sans succès jadis auprès de son père.

Quel est le but de ces ateliers « père-fille » ?

Se libérer des blessures de l'enfance. Prendre conscience de la manière dont on se fait aujourd'hui à soi-même ce que l'on reproche à son père de nous avoir fait par le passé. Par exemple, ne pas s'accorder de valeur, ou ne pas tenir compte de ce que l'on ressent.

Qu'est-ce qui vous frappe le plus dans ces ateliers ?

La colère des filles contre leur père. C'est une colère qui a pour origine le manque d'attention de sa part et de relation authentique avec lui. Les filles prennent conscience de cette absence de liens affectifs qui auraient pu leur donner un sentiment de sécurité et le sens de leur propre valeur.

En quoi le père est-il si important ?

Le père est le fondateur de la relation aux autres. Et à ce qui se trouve à l'extérieur : travail, visite dans un pays étranger, tout ce qui n'est pas l'intériorité. Le père initie la petite fille à se sentir en sécurité, à se sentir bienvenue, à l'aise dans tout ce qui est relation. Qui dit « relation » dit « sortir de soi-même ». Par exemple, tandis que la mère s'adapte aux jeux de l'enfant, le père demande à l'enfant de s'adapter à ses propres jeux. C'est encourageant de voir un père aller vers sa fille et l'entraîner en tant qu'homme vers une activité qui est la sienne. Si une petite fille se met à dessiner, la mère lui posera des questions sur ses dessins ou se mettra à dessiner aussi. L'homme, lui, va prendre la feuille de papier, fabriquer un petit avion et le faire voler. Alors que la mère conforte, le père tire vers l'extérieur, il initie à ce qui est inconnu et qui peut parfois faire peur. C'est pourquoi, si le lien avec le père ne se fait pas, la fille ne pourra pas plus tard utiliser dans le monde extérieur les forces vives de son énergie. L'« autre », l'« inconnu » deviendra souvent plus redoutable que fascinant. Ses relations à sa sexualité et à sa force créatrice seront fragilisées.

Durant ces ateliers, comment se manifeste cette colère ?
Souvent, d'abord, par des larmes. La tristesse est une émotion paravent qui dissimule beaucoup de colère rentrée. La colère est un sentiment difficilement admis pour les femmes. Et, comme il n'y a pas eu de père pour leur permettre de rompre ce conditionnement social et leur dire : « C'est sain pour toi aussi d'exprimer ta colère et, dans les limites du res-

pect d'autrui, c'est bienvenu », la petite fille, coupée de son père, a été coupée de sa colère. Elle n'y a plus accès. Celle-ci s'est transformée en ressentiment et en tristesse. Elle a été refoulée et, généralement, ressort dans l'ombre.

De quelle manière ?

Lorsqu'elle est refoulée, la colère chez les femmes se manifeste principalement de deux manières. Linda Schierse Leonard [1] a parlé des « amazones », qui vont se couper du monde des sentiments, épouser les valeurs masculines, entrer dans l'agressivité et la combativité, devenir comme certains hommes. Et il y a les « séductrices », qui vont manifester leur colère sous la forme de pouvoir, de manière à maintenir l'homme dans leurs filets. C'est un pouvoir de l'ombre. On a l'impression que c'est l'homme qui dirige sa famille, mais en fait c'est la femme qui décide de l'essentiel. L'idée, c'est de posséder la puissance de l'homme. Une telle femme va donc pousser son homme à porter à sa place cette partie masculine d'elle-même. Il sera le dépositaire de sa puissance. A travers les actions et les réalisations de son homme dans le monde, la femme se sentira valorisée.

---

1. *La Fille de son père*, Le Jour, 1982, traduction de Paule Noyart.

En quoi, dans le cadre de vos ateliers, est-il utile aux filles d'exprimer cette colère contre leur père?

La colère permet d'exprimer au-dehors ce qui se passe au-dedans. La colère brute qu'elles ressentent contre leur père est un réservoir d'énergie qui, quand il est humanisé, donne la capacité de sortir de la simple réceptivité, de l'intériorité, pour agir dans le monde et s'affirmer. Ce magma d'énergie, quand il est maîtrisé, et non plus refoulé, permet à toute la richesse intérieure de s'exprimer.

Peut-on tomber malade à force de ne pouvoir exprimer sa colère contre le père?

La colère qui ne s'exprime pas se retourne contre soi et peut se transformer, par exemple, en culpabilité. Toutes sortes de maladies découlent ensuite de la culpabilité.

Les conséquences de l'absence de père se limitent-elles à la colère refoulée?

Ces femmes souffrent d'un manque de reconnaissance. La petite fille ne s'est pas sentie exister, puisque le père n'était pas là pour la confirmer dans son existence.

Pour quelles raisons le père n'était-il pas là?

Pour répondre à cette question, il est nécessaire de faire un rapide retour sur le passé. Le père est d'abord un fils qui, lui non plus, n'a pas eu de père pour lui dire : « Tu es le bienvenu dans ton identité masculine. » Comme il n'a pas eu de modèle masculin affectif à la maison, le petit garçon s'est dit que, pour devenir un homme, le meilleur moyen était de faire tout le contraire de ce que fait une femme. Et que fait une femme ? Elle prend soin des enfants, des autres et d'elle-même. Elle fait la cuisine, se permet la spontanéité, les larmes, et toute une gamme de sentiments. Elle a des contradictions, et le montre. C'est la raison pour laquelle l'homme va se montrer au contraire logique, rationnel. S'il a un ami en difficulté, il va trouver des réponses logiques et concrètes au lieu de compatir, d'être avec lui, de l'accompagner et d'être simplement présent. Il va éviter d'être spontané. Un homme privé de modèle affectif masculin se coupe complètement de ses sentiments, sauf de sa colère, seule permise et valorisée socialement comme attribut masculin. Pour résumer, puisqu'il n'a pas pu s'identifier positivement au père, il s'est identifié négativement à la mère.

Si tant de pères ont été absents, n'y a-t-il pas également des raisons sociales et historiques ?

Oui, en Europe, avant l'ère industrielle, la plupart des parents étaient aux champs et ne s'occupaient pas de l'éducation de leurs propres enfants. D'autres adultes en étaient responsables. Cette forme de vie communautaire a perduré jusqu'aux débuts de l'ère industrielle. Dès lors, le père est extrait de l'unité familiale, il va travailler à l'usine ou aux charbonnages pendant douze à quinze heures par jour. La mère s'occupe désormais des enfants, tandis que l'homme rapporte de l'argent pour la famille. Résultat : des générations de femmes poussées par la société à rester à la maison.

Qui sont les femmes qui viennent assister à vos séminaires ?

Ce sont des femmes en difficulté par rapport à leur conjoint, ou seules, ou qui n'arrivent plus à entrer en relation avec les hommes.

Cette dernière difficulté provient-elle de leur relation au père ?

Généralement, derrière, il y a en effet la façon dont elles ont intériorisé la relation blessée avec le père.

En sont-elles conscientes ?

Si elles ne le sont pas, elles le deviennent, c'est le travail du séminaire !

L'expression de la colère des femmes mise à part, que se passe-t-il au cours de ces séminaires ?

Beaucoup de femmes découvrent que des hommes peuvent éprouver eux aussi des émotions. Qu'un

homme puisse pleurer, avoir peur, que sa vie intérieure tout entière soit barricadée par une cuirasse,
cela touche les femmes profondément. En même
temps, pour certaines d'entre elles, c'est intolérable.
Je parle de femmes qui en sont encore à l'étape du
père idéalisé : elles recherchent un homme idéal selon
des critères qui contiennent tous les archétypes
du héros, de l'homme infaillible et du prince charmant.

*N'y a-t-il pas de plus en plus de femmes pour les-
quelles l'homme idéal est un homme qui sache exprimer
ses sentiments?*

Oui, tout en restant puissant! Beaucoup de
femmes éprouvent une forme de dédain pour un
homme qui montre ses sentiments, et elles voient cela
comme une forme d'impuissance.

*Pour elles, un homme qui éprouve des sentiments est
donc impuissant!*

Oui, cela n'est pas cohérent avec leur image de
l'homme, qu'elles considèrent encore avec des yeux et
des attentes d'enfant. Beaucoup de femmes cherchent
des hommes machos. Je travaille notamment avec des
criminels. Ils ont énormément de succès auprès de ces
femmes, justement parce qu'ils sont criminels.

Quel est le rapport?

Pour elles, cela peut avoir un aspect extrêmement excitant parce que cette agressivité est à la mesure de leur propre ombre.

Vous voulez dire de leur colère refoulée?

Tout à fait. Et, généralement, ces criminels avec lesquels je travaille me décrivent leurs compagnes comme hyperféminines. Elles ont une féminité poussée à l'extrême. Elles peuvent le faire parce que la projection de leur partie masculine destructrice sur cet homme fait contrepoids.

Peut-on guérir avec un autre homme de sa relation au père?

Oui, bien sûr. Le couple est un lieu de rencontre intime avec l'autre qui offre de nombreuses possibilités de transformation. En fonction de l'accueil qu'un homme et une femme vont pouvoir se témoigner l'un à l'autre, des changements vont s'opérer.

Et ces amazones qui, à cause de leur mauvaise relation au père, se sont identifiées à un homme plutôt qu'à une femme, comment peut s'opérer leur guérison?

Une femme qui a vraiment épousé les valeurs masculines et qui s'en trouve valorisée, pourquoi changerait-elle?

Certaines ne viennent-elles pas frapper à votre porte ?
Souvent, c'est la maladie qui les fait s'interroger. Elles ont ce qu'on appelle des maladies d'homme : infarctus ou toutes les maladies liées au stress.

Et les séductrices ?
Celles que je rencontre se rendent compte de leur besoin de l'homme. Leur équilibre en dépend. Ce n'est plus un désir, mais un réel besoin. Donc elles ne sont pas heureuses. Tant qu'une relation est fondée sur le désir, elle est très agréable. Quand elle est basée sur le besoin de l'autre, elle est destructrice.

Pourquoi ?
Parce que c'est une relation qui repose sur le manque et la dépendance. Il est donc vital pour la femme de se réapproprier sa part masculine à travers la manière dont elle a intégré l'image du père.

Avez-vous rencontré des femmes qui avaient guéri leur relation au père ?
Oui.

Comment cela s'était-il passé ?
Souvent par la communication. Ces femmes ont osé communiquer avec leur père et trouvé le courage de lui donner leur propre version de leur histoire et du manque qu'elles ont vécu. En partant non plus

des reproches, mais de leurs propres besoins non satisfaits durant leur enfance. Si elles ont la chance d'avoir un père qui puisse juste entendre ce qu'elles disent ou, mieux encore, reconnaître leur manque, c'est une grande étape de guérison. Si le père n'est pas ou plus là, il est possible de s'adresser à lui symboliquement à travers l'écriture d'une lettre.

Y a-t-il des guérisons qui vous ont étonné?

Guérir sa relation au père, ce n'est pas nécessairement spectaculaire. Il s'agit essentiellement de devenir capable de poser de nouveaux jalons relationnels. C'est une manière différente de se positionner dans le monde. C'est nuancé, intime et intérieur. On ne guérit jamais d'une blessure, mais on peut la cicatriser.

Joëlle Goron et son père,
sa fille Zoé et son père

Joëlle Goron :
« Ce que je suis aujourd'hui,
je le dois à mon père »

Elle parle d'une voix légèrement éraillée, mais ferme et claire. Dans ses yeux, on lit l'assurance et la sérénité d'une femme qui aime s'exprimer. Journaliste, scénariste et écrivain, connue du grand public depuis qu'elle a participé à l'émission de télévision Frou-frou, *elle a écrit un roman à la mémoire de et en hommage à son père [1].*

Joëlle Goron a de la prestance, de la présence, le regard vif et beaucoup d'humour. A 57 ans, elle est mère de deux enfants : Arnaud, né d'un premier mariage, et Zoé, 20 ans, la fille d'Eric Solal, avec qui elle est mariée depuis vingt-six ans.

Aujourd'hui, les jeunes filles de 18 ans parlent en termes de carrière. Elles ont des projets, un plan de vie. Or, à mon époque, quand j'étais enfant, les filles commençaient tout juste à faire des études et, sous-jacent, le message «Tu te marieras, tu auras des

---

1. *Fin octobre*, Flammarion, 1990.

enfants » était omniprésent. « Tu seras institutrice ou infirmière si tu es bonne élève, et si tu es moins bonne et pas trop vilaine, ma fille, nous disait-on, tu te marieras avec un ingénieur ou un médecin. »

Je viens d'un milieu très modeste. Mes parents étaient boulangers à Suresnes. Ils n'avaient pas fait d'études et, en même temps, j'ai toujours entendu mon père affirmer que seule la culture pouvait faire sortir d'un milieu social. C'était une idée forte chez lui : le savoir sauve.

J'ai eu une enfance très tenue. Pas le droit de mettre des bas, pas le droit de mettre des talons, pas le droit de voir des garçons. Je vois encore mon père me faisant ôter le rouge à ongles que j'avais osé mettre à 18 ans pour la première fois. Une éducation comme on n'en voit plus aujourd'hui : très surveillée. Et, d'un autre côté, très gâtée, dans le sens où je recevais des leçons de piano, des leçons de danse, des cours particuliers. Aujourd'hui, on emmène ses enfants à des cours de musique, dans les musées, pour leur épanouissement. Pour mon père, il ne s'agissait pas de m'épanouir, mais de me donner des armes. Grâce à ces atouts, pensait-il, je changerais de milieu social. Je sortirais du milieu de la boulangerie.

Il était de notoriété publique que les filles des autres commerçants iraient au lycée mais qu'un jour elles reprendraient la crémerie. Je n'ai jamais entendu ce discours-là. A un moment, j'ai été mauvaise élève.

Le professeur a convoqué mon père. Il est revenu de ce rendez-vous catastrophé. Le prof lui avait dit : « De toutes les façons, ce n'est pas grave, votre fille tiendra la boulangerie et ce sera très bien. » Mon père était fou de rage. « Mais qu'est-ce que ces gens-là ont dans la tête ? clamait-il. Il est hors de question que ma fille finisse boulangère ! » Cette idée de promotion sociale, alors même que j'étais une fille, était étonnante à cette époque. Mon père a joué pour moi un rôle capital.

Il y a eu toute une période où je n'ai plus rien fait à l'école parce que j'avais horreur de la discipline. J'étais très bonne en français, mais aller au lycée ne me passionnait pas. Mon père était déçu. Il disait : « Si j'avais eu un garçon, il aurait fait l'ENA, mais tu n'es qu'une fille. » Mon père aurait rêvé que je fasse de brillantes études. J'avais 33 ans lorsque j'ai commencé le métier de journaliste et, jusqu'alors, j'avais été dactylo. Si je l'avais écouté, j'aurais suivi un circuit classique. Cela ne m'aurait pas nui.

Nous dînions toujours dans l'arrière-cuisine de la boulangerie, sur une toile cirée. Ce n'était pas très joli. C'était antibourgeois. Quand j'allais chez des copines filles de médecin, je découvrais ce qu'étaient un salon et une salle à manger. C'était un autre monde. Mais mon père m'apprenait à me servir des couverts et me disait par exemple : « Un jour, tu iras chez d'autres que nous, et il faut que tu saches que l'on ne coupe pas la salade. »

Mon père avait quitté l'école à l'âge de 9 ans parce qu'il venait d'une famille très pauvre. Il avait eu son certificat d'études, il était très brillant mais il n'a pas été question qu'il fasse des études. On l'a mis au four-nil. C'était un énorme lecteur, un autodidacte. Très tôt, j'ai été moi aussi une grande lectrice mais il ne savait pas quoi me conseiller et il m'a dit un jour – j'étais alors toute petite : « Tu vas à la bibliothèque de Suresnes et tu te démerdes, tu lis les livres par ordre alphabétique. Comme ça, tu n'en loupes pas un. » C'est ce que j'ai fait. Je me souviens, la biblio-thécaire me disait : « Joëlle, mais ce n'est pas pour toi ça, tu es trop petite. » Alors je passais à la lettre sui-vante.

Ma mère ne supportait pas que je lise sans arrêt, cela l'énervait. Mon père répondait : « C'est la seule solution. » Je lisais donc tout le temps. Dans ce milieu modeste et inculte, j'avais le droit de lire jusqu'à 2 heures du matin. C'était un sujet d'engueu-lade permanent entre mes parents. Mon père m'avait conseillé de lire sous les draps avec une lampe élec-trique, pour que ma mère ne le voie pas.

C'était une éducation bizarre. Mon père, à cause des fournées, dînait vers 18 h 30, et puis il allait se coucher. Souvent, je dînais avec lui. Nous mangions tous les deux sur un coin de table et il y avait une bouteille de vin ou de bière sur la table. Il posait son journal contre la bouteille, lisait en mangeant et me racontait ce qu'il lisait. Finalement, il a pris l'habitude d'acheter deux journaux, un pour moi, un pour lui. Nous posions chacun notre journal contre la bouteille. Et nous échangions nos points de vue.

Un jour, il y a eu un dîner dans la famille de mon père en province. A table, lors d'une conversation, j'ai osé donner mon avis, ce qui ne se faisait vraiment pas à l'époque. Cela a fait scandale : « Est-ce qu'elle a besoin d'avoir une opinion politique à 11 ans ? Est-ce que l'on demande son avis à une gamine ? » Ma grand-mère et une tante s'en étaient offusquées. Mon père leur a répondu : « C'est comme cela que je lui apprends à avoir des idées. »

Avec mon père, nous parlions de tout, nous nous engueulions. C'étaient des discussions presque d'homme à homme. A 12 ans, je me souviens lui avoir dit : « T'es vraiment bête. » Il ne m'a pas répondu : « Tu n'as pas le droit de me dire ça. » Cela m'a été profitable. J'avais le droit à la parole.

Je n'avais pas confiance en moi, mais mon père m'a donné le droit d'avoir de la personnalité. Il m'a appris et autorisée à penser par moi-même, à exprimer ce que je pensais : « Ce que tu penses, tu dois le dire. » C'était une gymnastique. Il disait : « Ce n'est pas parce que nous sommes des manuels que nous ne pensons pas. » C'était un devoir de penser. Il me l'a inoculé.

Je n'ai jamais su ce qu'était la tendresse. Dans cette boulangerie, il y avait deux ou trois vendeuses, la femme de ménage, le pâtissier et l'apprenti. Quand je descendais de l'appartement, je traversais la petite cour, j'arrivais dans le fournil et je saluais tout le monde. Mon père disait : « On dit bonjour au personnel. » Dire bonjour au personnel, c'est tendre la main, dire : « Bonjour, Noël », « Bonjour, Jean-François » et « Bonjour, papa ». En se serrant la main. Je n'ai jamais embrassé ni mon père, ni ma mère. Et ils ne m'ont jamais embrassée.

Comment je l'explique ? Tous les deux venaient d'un milieu paysan, de la Mayenne et de la Sarthe. Là, on ne s'embrasse pas, on ne se touche pas. Est-ce que cela m'a manqué ? Sur le coup, je ne m'en suis pas rendu compte, c'est la manière dont j'ai été élevée. Je n'ai jamais vu mes parents s'embrasser. Quand j'ai commencé à aller chez mes copines et que j'ai vu le papa rentrer le soir et dire bonjour à sa femme en l'embrassant, j'ai trouvé cela bizarre.

A mon tour, je n'ai pas été une mère très affectueuse. J'embrasse mes enfants, mais peu. Mon fils me l'a dit un jour : « C'est incroyable, tu ne me prends jamais dans tes bras. » Il était grand quand il a dit cela. Je lui ai répondu que je ne savais pas le faire.

Mes parents se sont beaucoup sacrifiés pour moi. Ils ont investi sur moi. Tous deux sont morts mais, à Suresnes, je rencontre encore d'anciens clients qui s'exclament : « C'est incroyable ce que vos parents vous adoraient! » Les premières fois, je les regardais avec des yeux ronds.

Nos relations étaient très conflictuelles, surtout au moment de l'adolescence. Je me faisais engueuler tout le temps. Je ruais dans les brancards. J'étais révoltée par ce que l'on m'imposait comme aux autres filles de l'époque : la discipline, la tenue, les interdits. J'étais assez insupportable, je mentais. Découvrir que mes parents m'adoraient a été une révélation, puisque je n'avais jamais eu droit à aucune manifestation de tendresse. C'était rude.

Ma mère me disait toujours que je ressemblais à mon père. Il avait un très grand nez, j'ai un grand nez. Un jour, mon père m'a dit, je m'en souviens encore : « Tu n'as pas de chance, ma fille. » Je lui demande pourquoi. Il me dit : « Avec le nez que tu as, tu as intérêt à être très intelligente. » Ce sont des phrases que l'on n'oublie pas.

Il me disait que je n'étais pas jolie. Cela m'a pris du temps de m'accepter. Ça a été très long. Je me trouve encore moche aujourd'hui, mais je fais avec. Il y a des tas de choses que je n'ai pas faites parce que je n'avais pas confiance en moi. Dans les surprises-parties, je ne dansais jamais mais j'étais l'animatrice, près du tourne-disque, qui faisait rire tout le monde. Comme je me savais moche, j'avais compris que j'avais intérêt à être intelligente. J'ai travaillé cette porte de sortie : « Tu n'as pas les arguments classiques, me disait mon père, va falloir, ma fille, que tu trouves autre chose. » Il m'a donné confiance en moi sur le plan intellectuel, pas sur le plan affectif.

Chez les femmes qui ont de l'énergie ou du ressort, il y a souvent un message du père très fort. Soit « Tu es ravissante, tu es la plus belle », soit « Je t'aimerai toujours ». Ce sont des choses que je n'ai jamais entendues. Il m'a donné d'autres cartes.

En quoi mon père a-t-il influencé ma vie affective ? Mon premier mari avait quelque chose de mon père. Comme lui, il était très ironique, drôle, très drôle, mais drôle à froid, pas expansif du tout. Il avait ce côté « On prend les choses dans l'ordre, on ne s'énerve pas mais on dit ce que l'on a à dire ». J'ai eu un premier mariage pas plus raté que la plupart des autres. Je me suis mariée, soyons claire, pour avoir ma liberté. J'étais plus ou moins amoureuse de mon mari et je crois qu'il était amoureux de moi. Il était assistant dans le cinéma. Quand je l'ai rencontré, il m'a bluffée. Il évoluait dans un milieu pour moi inaccessible, fabuleux. Il voulait se marier très rapidement. J'étais partie un an en Allemagne comme jeune fille au pair. Il est venu me rejoindre là-bas et il m'a dit : « On se marie en juin. » Je n'avais pas du tout envie de me marier, mais c'était la crise du logement à l'époque, et il avait réussi avec mon père à trouver un appartement. Je me suis dit que c'était un moyen de m'évader, de partir de chez mes parents. J'avais l'impression de ne pas pouvoir faire ce que je voulais. J'ai divorcé quelques années plus tard.

Aujourd'hui, j'ai un mari que j'adore, et je crois que mon mari m'adore. Notre mariage est réussi. Non pas par mérite, ni de sa part, ni de la mienne, nous nous sommes trouvés. Souvent, ma fille me dit : « Maman, comment tu l'as trouvé papa ? » Je n'en sais rien, c'est le hasard, c'est miraculeux. Il n'y a pas de leçons à en tirer, c'est comme cela.

L'humour de mon père était l'humour de mon mari actuel : ironique, distant, pince-sans-rire. J'adore. Et cela ne s'apprend pas. Mon père ne riait jamais. Il nous suffisait de nous regarder pour savoir exactement ce que l'autre avait pensé au dixième de seconde. Il y avait cette complicité entre nous. Sur la politique, sur ce que disaient les gens, sur des bêtises, on se regardait et il n'y avait pas besoin d'explication. Cela aussi, je l'ai retrouvé avec mon mari actuel.

Nous en avons même fait un jeu. Quand nous allons dans des musées, moi, je traverse les salles très vite, je n'ai pas besoin de rester une heure. Lui est plus lent. Et nous nous attendons à la sortie. Nous sommes capables de dire ce que l'autre a vu et ce qui lui a plu. Cela marche même avec un catalogue de meubles. Nous le regardons chacun notre tour, nous le fermons et nous disons en même temps : « Page 44 ! » Nous avons les mêmes goûts, les mêmes façons de réagir. Cette complicité terrible que j'avais avec mon père, je l'ai avec mon mari.

A la maison, je l'ai dit, on ne s'embrassait pas, on ne se touchait pas. Mes parents étaient un couple que j'appellerais associatif. Il y en avait beaucoup, à l'époque. C'est assez récent, l'idée du bonheur comme un dû. C'étaient deux personnes courageuses, travailleuses, qui avaient envie de s'en sortir et qui ont dû s'aimer, mais qui avaient surtout une confiance professionnelle sur le thème : « On va s'en sortir à deux. » Leur objectif n'était pas de s'aimer, c'était d'avoir une boulangerie qui marche.

Ils s'étaient en tout cas trouvés sur ce plan-là. Ils étaient aussi bosseurs l'un que l'autre, ils ne pensaient qu'à cela. Toute ma jeunesse, je n'ai entendu parler que de boulot. Tout le monde me dit que je travaille comme une folle mais, à côté d'eux, je me suis toujours prise pour une paresseuse. Mon père me disait : « Si tu ne travailles pas soixante-quatre heures d'affilée, tu n'as pas le droit d'être fatiguée. »

Entre mon père et ma mère, je n'ai jamais vu ces rapports de tendresse, de sensualité. Quand j'ai épousé mon premier mari, dans mon idée le mariage était une association. Les histoires d'amour, je pensais que c'était quand même très littéraire, que cela n'existait pas, que ces machins-là, c'était bon pour les midinettes. Le tout était de trouver un type bien avec qui je m'entende. Je me souviens de m'être dit aussi : « Un homme, cela ne peut pas être amoureux d'une femme. » Peut-être qu'une femme pouvait tomber amoureuse, puisque moi, de temps en temps, je l'avais été, mais un homme, non. Il y avait donc une sorte de barrière qui devait venir de ce que j'avais vu chez mes parents. Je n'avais pas une haute idée du couple. Le prince charmant fabuleux qui allait me révéler à moi-même, je n'y ai même jamais pensé. C'est un fantasme qui m'est étranger. Et je crois que cela vient de l'éducation que j'ai reçue. Avec ses avantages et ses inconvénients.

Avec le recul, si je regarde ma vie, je trouve que j'ai été plutôt gâtée. J'ai eu la chance de rencontrer un homme extraordinaire. Cela prouve bien que ce manque de tendresse apparente ne m'a pas handicapée. Ce que je suis aujourd'hui, je le dois à mon père. Il m'a appris à être moi-même. Il aurait rêvé que je fasse une grande école, que je sois socialement très intégrée et, en même temps, il m'a élevée pour être une individualiste. Il aurait adoré que je sois une très bonne élève mais il n'a rien fait pour que j'en sois une. Je n'ai aucun diplôme.

Je suis scénariste, c'est mon métier, j'en vis très bien. De temps en temps, j'écris un livre. Je vais à la télévision. J'ai été journaliste à *Cosmopolitan*. Sur le tard. A 33 ans, alors que j'étais secrétaire, que personne ne savait d'où je venais, j'ai envoyé un papier par la poste. On m'a fait venir, j'ai été embauchée.

Je ne suis dans aucune structure. C'est la télévision qui m'a rendue populaire. En ce moment, je suis en train d'adapter les romans de Roger Martin du Gard pour France 2. Je suis une folle de littérature – quasiment monomaniaque de la littérature et de la littérature populaire. Mon père n'est plus là et parfois je me demande ce qu'il aurait dit de me voir à la télévision. Il ne m'y a jamais vue. Mais ce n'était pas un homme à être épaté. Il aurait été capable de penser que je ne m'étais pas cassé le tronc, que ce n'était pas suffisant. Ce n'était jamais suffisant. Cette idée de la perfection au travail et de ne jamais être fatiguée, c'est lui qui me l'a mise dans la tête.

Il est mort d'un cancer, cela a été terrible. Il m'a incroyablement manqué.

J'avais avec lui un point commun que je ne partage plus avec personne, c'est le milieu d'où nous venions. Ce n'est pas seulement une question d'argent, c'est une manière de se comporter. Je suis sortie de mon milieu social. Mon père était le dernier témoin de notre vie passée, d'un langage, d'une façon de penser, et cela m'arrive encore souvent d'être quelque part et de me dire : « Si mon père était là, qu'est-ce que l'on rigolerait ! » Cet homme modeste était à l'aise partout. Il n'avait aucun sens de la hiérarchie sociale. S'il avait quelque chose à dire, il le disait.

Il y avait une forme de revanche sociale dans l'éducation qu'il m'a donnée. Il avait été traumatisé par l'obligation à 9 ans d'arrêter ses études, alors qu'il était très brillant. A l'école laïque, l'instituteur voulait lui obtenir une bourse mais ma grand-mère n'avait jamais voulu. Il était allé garder des vaches jusqu'à l'âge de 11, 12 ans, puis il avait été placé en apprentissage dans une boulangerie.

Je ne l'ai jamais entendu me faire un compliment. Je sais que je l'ai déçu par mon premier mariage. Je l'ai déçu aussi parce que je n'ai été longtemps qu'une pauvre dactylo. Je l'ai déçu en ayant très vite un enfant. Je savais qu'il attendait plus de moi. Donc qu'il était possible pour moi de faire davantage.

C'est vrai que j'ai appris à mes enfants à se battre dans une discussion, et puis aussi une certaine façon d'être. Mon fils n'a pas eu son bac. Il a une très belle situation, il est directeur artistique dans la publicité. Aujourd'hui, il me dit : « On t'entendait dire sans arrêt qu'en fait, le principal, c'était de penser par soi-même, de se faire sa culture soi-même. Tu n'as jamais eu un discours qui me pousse vraiment à faire des études. Quand tu disais qu'il fallait avoir son bac, on n'y croyait pas. » Je n'ai pas eu mon bac non plus. Heureusement, ma fille Zoé l'a eu.

Mon père me disait : « J'espère que tu n'auras pas d'enfants. » C'était vexant pour moi. En fait, pour lui, les enfants, c'était un luxe, un investissement incroyable. Il en a fait un sur moi. Il ne comprenait pas comment on pouvait délibérément faire des enfants qui amèneraient des problèmes, des questions.

Aujourd'hui encore, je rêve souvent de mon père. Il m'empêche de sortir, d'aller habiter ailleurs, il me fait la morale parce que j'ai eu une mauvaise note. Dans mes rêves, je suis toujours en âge scolaire, époque où j'avais le sentiment de ne pas faire l'affaire. Je ne lui rendais pas ce qu'il me donnait, ce qu'il attendait de moi. Souvent, ces cauchemars me reviennent. J'apporte mon carnet scolaire et je ne rends pas la bonne note, elle n'est pas suffisante.

J'avais de mauvaises relations avec ma mère parce que j'admirais mon père. Elle disait sans arrêt : « Tu n'aimes que ton père. » Je ne devais pas être facile. J'étais méchante. Je traversais la boutique, et elle me disait : « T'as rien à dire ? » Je répondais : « Rien à dire, rien à raconter. » Et je filais au fournil tout raconter à mon père. Je n'écoutais que lui. Ma mère me disait : « Tu es comme ton père. Vous vous ressemblez comme deux gouttes d'eau. Vous êtes égoïstes, vous êtes cruels, vous êtes durs. » Mon mari le dit aussi, que je suis dure. Je suis très exigeante.

Ce qui caractérise le plus cette relation avec mon père, c'est cette épine dorsale qu'il m'a donnée. Je crois que je suis le résultat exact de l'éducation que j'ai reçue. Le résultat est sans surprise. Tout prend sens.

Zoé :
« Mon père, c'est l'homme parfait »

*Zoé est la fille de Joëlle Goron et d'Eric Solal. Elle a
20 ans et a accepté de me parler de ses relations avec son
père. C'est une jolie jeune fille au regard vif et aux longs
cheveux auburn. Sportive, elle arrive sac au dos, sans un
gramme de maquillage, et vêtue d'un pantalon et d'un
pull trop large. Zoé est droite, franche et enthousiaste.
Une fois les premiers moments de timidité passés.*

Il y a deux ans, j'ai passé mon bac littéraire et je
suis partie un an vivre à Londres, pour travailler,
apprendre l'anglais. Une année sabbatique. Maintenant, je suis en première année de cinéma à Paris.
Pour être réalisatrice ou cadreuse, je ne sais pas
encore. La photo aussi m'intéresse. Mon papa a fait
l'école de cinéma Louis-Lumière, il y a longtemps. Et
il est aujourd'hui cuisinier.

J'avais commencé une psychanalyse. Puis j'ai
arrêté. Je suis encore trop jeune, je n'arrive pas bien à
parler. Je ne suis pas prête. Au départ, je l'ai fait pour

ma mère. Parce que j'ai des problèmes avec elle. Et aussi avec mon père. En fait, je l'aime trop, je crois. Pour moi, c'est l'homme parfait. Il sait construire des maisons, il sait cuisiner, il sait faire des photos, il sait faire ceci, il sait faire cela... Vraiment, je ne lui vois aucun défaut. Moi, cela ne me pose pas de problèmes, lui non plus je crois, car nous nous entendons très bien, mais chez la psychanalyste, nous commencions à en parler. Je sais que c'est exagéré. Il n'existe personne au monde qui n'ait pas de défauts. Je sais qu'il en a, mais je ne veux pas les voir. Et puis, quand il va mourir, je ne sais pas comment je ferai. C'est lui qui fait mes papiers, ma cuisine, ma maison. C'est l'homme que j'aime le plus au monde.

J'ai reçu de la part de mon père la meilleure éducation. J'adore celle que mes parents m'ont donnée. C'est vrai ! Il n'y a pas que mon papa, il y a ma maman. Heureusement, car s'il n'y avait eu que mon papa, il aurait été trop gentil, et s'il n'y avait eu que ma maman, elle aurait été trop méchante. Là, cela donne un équilibre. Ce qu'ils m'ont enseigné ? La propreté, la curiosité, la rigueur. Ils m'ont toujours fait lire des livres depuis que j'ai 3 ans. Ils m'ont toujours emmenée avec eux dans les musées, même si je râlais. Ils m'ont toujours forcée à faire les choses. Du piano, par exemple. Finalement, quand ils ont vu que cela ne me plaisait vraiment pas, j'ai pu arrêter. Ils m'ont forcée à apprendre à nager très jeune, ils m'ont fait faire du sport. Cela, je le dois plutôt à papa. Est-ce que je regimbais ? Oh ! j'étais insupportable. Ah ! j'étais immonde. Ils me disaient : « Quand tu seras grande, tu nous remercieras. » Et maintenant je les remercie.

Lorsque j'étais petite, j'étais tellement insupportable que pendant toute une semaine, j'ai dit non à tout et à tout le monde : « Non, je veux pas mettre mon verre à la machine, non je veux pas aller me laver, non je veux pas sortir de la baignoire. » Jusqu'à ce jour, mon père ne m'avait jamais frappée, pas même une tape, mais, cette fois, il m'a mis un gros coup de poing dans le ventre. Il m'a emmenée de force sous la douche et m'a mise sous l'eau froide. J'avais dû être méchante parce que, normalement, rien ne l'énerve. Depuis, j'ai changé.

On me raconte que je faisais peur avec mes yeux noirs. Tout le monde me le dit. Je devais être une teigne. Je faisais des méchancetés gratuites, mais je ne me souviens pas d'avoir été plus méchante que les autres enfants. Mon papa me calmait. Avec lui, je n'ai pas de souvenirs de méchanceté, parce que, lui, je l'aimais bien, alors j'étais gentille. Quand j'étais petite, je m'allongeais sur lui et je dormais sur son ventre. C'est mon seul souvenir, petite, avec papa.

Papa est très calme et me répète cent fois la même chose jusqu'à ce que je le fasse. Si mon caméscope est cassé, il me dit : « Va le faire réparer, va le faire réparer. » Il me téléphone et puis, à la fin, j'y vais, parce qu'il m'énerve à m'appeler tous les jours. Je suis sûre que, si c'était nécessaire, il pourrait sauter par la fenêtre pour moi. Il me gâte, il sait ce qui me fait plaisir. Il va aller à l'autre bout de Paris m'acheter un filtre pour appareil photo parce que j'en ai besoin le lendemain, alors que je pourrais y aller moi-même. Et puis, il fait la nourriture que j'aime, les petites pommes de terre sautées coupées toutes petites petites. Alors qu'il a mal au dos, il m'a refait tout mon appartement.

Papa a une position compliquée dans la famille, car je ne m'entends pas du tout avec ma mère. Et ma mère s'entend très mal avec moi. En fait, je l'aime mais je ne la supporte pas au quotidien. Elle est méchante, tout le temps énervée. Maman a des réactions très violentes. Mon père essaye d'intervenir mais il ne peut pas trop le faire non plus. Parce qu'après maman se moque : « Oh ! la fifille à son papa. » Tout le monde sait que j'ai une relation très forte avec papa, qu'à chaque fois il me défend. Mon père me dit que maman est méchante parce qu'elle est inquiète, mais à mon avis cela n'explique pas tout. Il paraît qu'elle m'adore. C'est sûr, mais elle le fait mal, et puis elle peut réfléchir un peu avant de parler, quoi ! Je ne trouve pas que ce soit une excuse.

Maintenant que l'on ne vit plus ensemble, cela va mieux mais avant, à la maison, c'était vraiment très dur. Je lui disais : « Mais comment tu fais pour aimer cette femme ? » Maman aussi devait parler ainsi de moi, il était au milieu, cela ne devait pas être évident. Il a su faire la part des choses, m'expliquer, me parler calmement. Il a toujours joué le rôle de pacificateur.

En tant que mère, elle est insupportable, haïssable. En tant que femme de mon père, elle est très bien. En fait, j'adore leur couple, je trouve qu'ils vont très bien ensemble. Pour moi, justement, c'est un peu difficile parce que j'ai sous les yeux le couple le plus équilibré et le plus sain qui soit. Cela fait près de trente ans qu'ils sont ensemble. Ils ne se disputent jamais. Maman pique des crises, il la calme, c'est un parfait équilibre. Chacun a sa spécialité dans mon éducation, et puis ils ont tout le temps des choses à se dire. Ils sont tout le temps en train de parler, de rigoler.

Avec ma mère, je ne pense pas qu'il s'agisse de jalousie. Tout le monde dit que nous nous ressemblons. Nous avons toutes les deux un caractère dur. Elle a reçu une éducation qu'elle m'a transmise. J'en suis le produit. En fait, je n'en considère pas l'un plus que l'autre. Mon père est le plus important, mais les deux ont un grand rôle dans ma vie.

Sur certains points, j'ai vraiment confiance en moi. Si je lis quelque chose et que je trouve cela mauvais, je suis convaincue que c'est vraiment mauvais. J'ai confiance en mon jugement en art, littérature, peinture, parce que j'ai été formée jeune et que je pense avoir un certain recul. Pour le reste, si je me plante, ce n'est pas grave. Par contre, quand je dois parler avec des jeunes de mon âge, je n'ai pas trop confiance, mais je le cache. Cela ne se voit pas. On dirait que j'ai confiance mais je n'ai pas confiance.

Je n'aime pas du tout les filles, j'ai beaucoup de mal avec elles. J'ai mes copains et, du moment qu'ils sont là, je n'ai besoin de rien d'autre. Je n'ai pas de petit ami en ce moment. Je suis un peu garçon manqué. Avoir un copain, pour moi, c'est plutôt secondaire. Avec mon dernier petit copain, nous sommes restés un an et demi ensemble, et puis nous sommes devenus meilleurs amis. L'affectif, je m'en fous un peu. Faire des bisous, cela me passe un peu au-dessus, quoi! Je préfère rire et m'amuser. Pour moi, un couple, ce sont des personnes qui se comprennent et qui se parlent, se parlent. Ce qui se passe derrière la porte fermée à clé de mes parents, ce n'est pas mon problème.

Le rejet de l'affectif vient plutôt de ma mère. Elle non plus, quand elle était enfant, elle n'a pas eu beaucoup de bisous. C'est papa qui me faisait des câlins. Enfant, je n'aimais pas que l'on me touche. Je trouve que c'est une perte de temps, et puis c'est désagréable. Je n'aime pas que l'on me touche les pieds; si vous me touchez les pieds, je hurle. Je n'aime pas que l'on me touche les oreilles, je n'aime pas que l'on me touche les cheveux. Papa est affectueux mais cela ne prend pas sur moi. Sauf que papa, je le vois vieillir et j'en profite avant qu'il ne meure. Maintenant, je lui fais des câlins tout le temps, je le serre, je ne veux pas qu'il s'en aille. J'ai conscience de le vénérer. Je vais devoir retomber parmi le commun des mortels. C'est depuis que je suis partie vivre à Londres que j'en ai pris conscience.

Est-ce que mon père joue un rôle dans le choix de mes petits amis? Pour l'instant non, parce que je suis encore jeune et que je ne cherche pas à sortir avec un garçon pour toute ma vie, mais quand je vais avoir des relations qui durent, je vais comparer, parce que mon père, c'est l'homme parfait. Il a une grande culture, il est discret, il ne se met pas en avant alors qu'il est plus intelligent que les autres. Enfin moi, je le trouve. De toutes les façons, l'avis de mes parents est très, très important. Si je présente un ami à mes parents et qu'ils ne le trouvent pas bien, du jour au lendemain mon jugement va changer.

Ce que je pense que mon père va dire? Je hais ma fille! (Rires.) Je n'aimerais pas décevoir mes parents, je les trouve tellement bien! Je ne m'entends pas avec ma mère, mais je trouve qu'elle est vraiment bien quand même. Je ne renie pas du tout ce qu'elle m'a donné. J'ai peur de les décevoir. Mon école coûte quarante mille francs par an. Tous les jours, en me levant, je pense à mon papa qui va au travail le matin pour me la payer. Cela ne me culpabilise pas parce que mes parents me donnent tout avec joie. Au contraire, cela me booste. Ils sont partis de tellement bas, tous les deux, dans la vie! Moi, j'ai de l'argent, j'ai un appartement, je fais l'école que je veux et chaque minute je pense à eux qui ont tous les deux trimé pour en arriver là.

Je ne sais pas comment ils font, ils travaillent trop. Il y a aussi mon frère qui s'est fait larguer par sa copine, donc il y a un appartement à payer pour mon frère, pour ma grand-mère, pour moi. Il y a mon école, il y a Noël. Ils ont vraiment trop de problèmes sur le dos et toujours avec le sourire. Et moi, ils me donnent de l'argent encore quand j'en ai besoin. Ils se débrouillent et ils ne se plaignent pas.

J'aimerais que vous demandiez à mon père si je ne le déçois pas trop. S'il est fier de moi. Quand je prends mon scooter, mon père me dit : « Tu ne sais pas ce que c'est que d'avoir des enfants. C'est horrible, je souffre à chaque minute tant que tu n'es pas rentrée. » Moi, à chaque fois, je lui réponds : « Tu ne te rappelles plus ce qu'est avoir un père. » A chaque minute, moi aussi je pense à lui et, quand je pense à lui, j'ai peur qu'il meure. Il devrait comprendre que l'amour des enfants pour les parents est parfois très fort. A mon avis, il ne se rend pas compte combien je l'aime. Je ne crois pas qu'il le sache parce je ne le dis pas beaucoup. Comme je suis un peu timide, je lui dis : « Ah! je t'aime, papa », mais il croit que c'est pour rire. En tout cas, il y a une énorme partie de l'éducation que mes parents m'ont donnée que je vais essayer de transmettre à mes enfants.

Eric Solal :
« Ma fille, c'est la moitié de mes poumons »

Zoé m'avait prévenue qu'il ne parlait pas, qu'il était un peu « ours », pas très sociable et qu'il n'avait pas beaucoup d'amis. Eric Solal est le père de Zoé et le mari de Joëlle Goron. Lui aussi se dit timide, mais cela ne se voit pas. Il est grand, brun, affable, posé. Comme sa femme Joëlle, il a de la présence. Lorsqu'ils se sont rencontrés, elle avait 33 ans, lui, 25. Eric Solal est aujourd'hui journaliste culinaire au mensuel féminin Marie-Claire. Son témoignage fait apparaître l'importance de l'héritage transgénérationnel : Zoé répète avec sa mère l'hostilité de celle-ci envers la sienne. Quant à Eric, il éprouve les mêmes difficultés à communiquer avec sa fille que son père avec lui. Un problème non résolu se transmet intact à la génération suivante.

Quand je pense à ma fille, je pense à la peur. J'ai tout le temps peur pour elle. Cela va mieux depuis qu'elle ne vit plus avec nous mais, avant, c'était horrible. Quand elle allait à l'école, dès l'heure de la sortie, je ne pensais qu'à cela. Seul son retour m'apaisait. Aujourd'hui, quand le téléphone sonne à une heure inhabituelle, je pense à elle. Les portables parfois se branchent tout seuls dans la poche. Si elle nous a appelés peu auparavant, la ligne s'établit et je l'entends parler vaguement de loin, j'entends des bruits de poche et je m'imagine tout de suite que l'on est en train de l'enlever. J'ai tendance à imaginer des scénarios monstrueux.

Elle est venue en vacances cet été avec nous et elle avait loué un scooter. La nuit, elle avait quartier libre et, moi, j'avais zéro quartier. J'attendais dans mon lit jusqu'au moment où je l'entendais passer dans le couloir. Enfin, je pouvais m'endormir. C'est surtout cela, mes relations avec elle : la peur. Et la difficulté, tout le temps la difficulté. Depuis l'âge de 3 ans jusqu'à ce qu'elle quitte la maison, c'était la guerre.

De ce que ma fille a pu dire de moi, je n'ai pas la moindre idée. Je suppose qu'elle a dû parler de la confusion des rôles entre son père et sa mère. Je suis le père mais peut-être que je joue plutôt pour elle un rôle de mère. Petite, quand elle appelait « maman », c'était papa qui répondait et quand elle appelait « papa », c'était maman qui répondait. Elle s'est mise à nous appeler « pama » ou « mapa », en mélangeant les syllabes de « papa » et « maman ». Difficile d'imaginer quelle image je peux donner à ma propre fille. De la même manière je me demande aussi quelle image j'ai pu donner à mes parents. Cela reste un mystère.

Je ne pense pas l'avoir un jour frappée, ce n'est pas dans mes idées. Sauf une fois, elle était toute petite. Elle devait avoir 7 ou 8 ans. Depuis une semaine, elle disait non à tout : non, non et non. Lève-toi, non! Assieds-toi, non! Prends ta douche, non! Sors de ta douche, non! J'ai fini par lui donner un coup de poing dans le ventre. J'en ai pleuré pendant trois jours, c'était monstrueux. Un trop-plein. Il y a un moment où ce n'est plus possible. Je ne comprends même pas comment j'ai pu arriver au niveau du ventre. Je m'imagine debout et, vu la hauteur normale de mes mains, j'aurais dû lui donner un coup de poing à la figure.

Elle me dit qu'elle m'adore et je la crois. Je l'adore aussi. Mais nos relations ont toujours été très difficiles. Jusqu'à récemment, nous ne pouvions pas parler car, dès que nous essayions, les portes se mettaient à claquer. La fin de son éducation a été lourde. Nous avions envie qu'elle parte de la maison. Au départ, ce n'était pourtant pas du tout dans mes idées qu'elle quitte la maison si tôt. Avec sa mère, c'était la haine ouverte et annoncée, chacune disant de l'autre : « Je la hais. » C'était intenable, il n'y avait aucune communication.

J'ai toujours eu avec elle des relations plus maternelles que paternelles. De par mon métier, je suis le nourricier puisque je suis cuisinier. Même professionnellement, avec ma femme, nous avons toujours eu des rôles inversés. Joëlle travaillait plutôt à l'extérieur ; moi, j'étais souvent à la maison. J'étais l'homme d'intérieur. Je préparais les repas. Je faisais les câlins. Pendant des années, je suis allé la chercher à la sortie à l'école, je la ramenais. Nous ne communiquions pas par des mots, parce que c'était très difficile, mais par des câlineries. Mais c'était aussi très difficile car il ne faut pas lui toucher les oreilles, les cheveux, les pieds. Elle est spéciale. C'est de l'amour oui, mais difficile à ressentir. Je suis froid et, elle, elle est en combat.

J'exprime peu mes émotions : « Comment as-tu trouvé le film ? – Bien. – Ça t'a plu ? – Oui, c'est bien. » C'est le maximum de mon enthousiasme. Entre un père froid et une fille perpétuellement en colère, ce n'est pas facile de communiquer. Je n'ai pas eu l'impression d'avoir une relation privilégiée avec elle. C'était plus une relation du quotidien : elle est là et je suis là.

Nous avons eu le même problème déjà au cours des générations précédentes, moi avec mon père, mon père avec le sien. De grandes difficultés de communication. Je n'étais pas en colère, j'étais très calme, mais lui était tout à son métier. Ai-je voulu compenser avec ma fille ce que je n'avais pas reçu ? Non. Mon père, lui, avait essayé de le faire parce qu'il avait très mal vécu sa relation avec son père, mais cela n'a pas marché. Zoé est une fille, donc les relations de tendresse et d'amour sont plus évidentes, même si elle a aussi beaucoup de dureté. Quand elle était en colère contre sa mère, son grand truc, c'était de me dire que je me laissais faire par ma femme, donc par sa mère, que j'étais mou. C'était pour essayer de me faire réagir et de me faire changer de camp. Il y avait d'un côté des parents qui s'entendaient très bien, et elle de l'autre. La guerre était pour elle difficile à mener. Souvent, les enfants ont davantage prise sur l'un ou sur l'autre. Nous avons formé un bloc.

L'époque la plus dure a été quand nos rôles se sont normalisés, que Joëlle s'est mise à travailler à la maison et que, moi, je suis allé travailler à l'extérieur. Zoé avait désormais un but : emmerder sa mère. Quand elle rentrait de l'école, sa mère était là, elle pouvait aller la titiller. Je rentrais tard. Chacune venait se plaindre à moi : « Ta fille a fait ceci... » « Ta femme est une salope. » J'essayais de comprendre les deux points de vue.

Aujourd'hui, mes relations avec elle se sont améliorées, nous commençons à arriver à parler. C'est déroutant parce qu'en fait elle parle plus facilement avec sa mère qu'avec moi. Moi, elle m'appelle pour le domaine pratique : des problèmes de machine à laver, d'appareil photo, des questions techniques. Mais quand elle veut parler d'un livre ou d'un film, elle parle à sa mère. Cela m'ennuie. Cela me gêne. Les lettres ont toujours été le métier de Joëlle plus que le mien. J'ai l'impression que je pourrais moi aussi lui répondre sur l'accord des participes, mais non, si c'est une question de vocabulaire, elle s'adresse à sa mère. C'est son métier d'écrire, mais c'est aussi le mien. Je n'écris pas que des recettes. J'ai commencé dans le journalisme.

J'ai fait une école de cinéma. C'est en effet ce que fait Zoé aujourd'hui, mais je ne l'ai pas du tout poussée dans ce sens. Et puis, sa mère est scénariste. Nous lui avions plutôt conseillé de devenir journaliste. C'est une ouverture d'esprit, une formation intéressante. Ça ne l'a pas intéressée.

Avec ma fille, j'aimerais que l'on arrive à se parler normalement, sans qu'il y ait de gêne. J'ai l'impression qu'elle est gênée quand elle est avec moi. D'ailleurs, au téléphone, souvent elle me dit trois fois de suite : « Ça va ? » Pour moi, c'est un signe de malaise.

La dernière fois que je l'ai vue, elle voulait que je l'aide à chercher des informations sur Internet pour son école, et son travail. Comment récupérer des textes et comment les imprimer. C'est un moment d'intense bonheur pour moi, parce que l'on se voit peu. Elle était là-bas, devant l'ordinateur, j'étais ici sur le canapé et je l'ai regardée. Je ne sais pas, j'ai dû la regarder cinquante fois. Chaque fois, je la regardais fixement. Elle ne me voyait pas parce qu'elle était de dos et c'était un bonheur immense. Juste de savoir qu'elle était dans la pièce, à côté.

C'est ce que m'a toujours dit mon père avec qui j'avais d'immenses difficultés à communiquer. « Moi, répétait-il, je n'ai pas besoin de te parler pour être heureux. Si tu es là, je suis heureux. » C'est exactement ce qui s'est passé l'autre jour, et c'est la première fois que je l'ai ressenti. Ma fille était là, je ne lui parlais pas, une sorte de prétexte d'ordre technique nous reliait, mais rien d'impliquant, rien de personnel. Elle ne m'a rien dit de sa vie, je ne lui ai rien dit de la mienne, mais j'étais heureux. Un bonheur béat, stupide, mais un bonheur quand même.

J'aimerais savoir qui est ma fille, je ne le saurai jamais. Je ne vois pas quel parent pourrait se targuer de connaître ses enfants. Ce serait formidable, vous vous rendez compte, si je pouvais la connaître ! Entre les enfants et les parents, des tas de choses ne se disent pas. Si nous n'avons pas voulu avoir les rôles habituels du père et de la mère, nous avons quand même toujours les rôles de parents, et elle, le rôle d'enfant. Je voudrais qu'elle soit heureuse. C'est un souci. Le suicide a toujours été pour moi une hantise. Même si aucun signe *a priori* ne le laisse présager. C'est fréquent chez les adolescents et cela ne se voit pas toujours. Je n'en ai jamais parlé avec elle, cela me fait trop peur. De toute façon, quand elle n'allait pas bien et qu'elle se mettait à pleurer, elle n'a jamais voulu dire ce qu'elle avait, ni pourquoi elle n'allait pas bien. Et moi qui parle peu, j'étais alors une sorte de fontaine à paroles pour la calmer.

Est-ce que je suis fier d'elle ? L'un des points importants de notre éducation, c'est ne pas faire de projets pour elle, de ne pas dire : « Je veux qu'elle soit ceci, je veux qu'elle soit cinéaste, journaliste. » Comme nous n'avons pas d'attentes, nous n'avons pas non plus les joies ni les déceptions qui vont avec. C'est plus plat, mais c'est moins déroutant. Je n'ai jamais espéré, par exemple, qu'elle fasse de brillantes études.

Est-ce que je la trouve jolie ? Nous lui avons répété pendant vingt ans que cela n'avait aucune importance. Je la trouve très existante. Très jolie aussi, et parfois moins. Elle est exactement ce que nous voulions qu'elle soit : un être humain de sexe féminin. Je le dis volontairement : ce n'est pas une femme, c'est un être humain de sexe féminin, qui a les attributs physiques d'une femme, mais n'a pas les travers excessifs de la féminité, et n'a pas non plus les travers de la masculinité. Pour nous, c'était essentiel qu'elle soit autonome aussi bien dans sa vie pratique que dans ses pensées, c'est-à-dire qu'elle réagisse toujours en réfléchissant par elle-même, et non pas en adoptant des pensées déjà prémâchées. Si on a réussi quelque chose, c'est cela. Jusqu'à l'outrance. Elle n'accepte tellement pas les pensées prémâchées qu'elle n'a jamais supporté les nôtres! Elle nous a remis en question en permanence.

Pour conclure, j'ai souvent pensé qu'il était important qu'elle soit là dans mes tout derniers instants. Que représente ma fille pour moi? J'allais dire tout. Quand elle était toute petite, c'était ma descendance, c'était moi qui continuais. Maintenant, c'est une partie de moi-même, la moitié de mes poumons.

Monique Brillon :
« Le père, c'est le premier
amour de la vie d'une femme »

Monique Brillon est québécoise. Elle est psychologue, professeur à l'université Laval et chargée de cours à l'université de Montréal. Elle a écrit Ces pères qui ne savent pas aimer et les femmes qui en souffrent [1]. *Dans cet ouvrage, elle parle de l'influence du père sur le développement de l'identité de sa fille, c'est-à-dire sur l'image qu'elle se fait d'elle-même.*

Vous parlez du vide affectif dans lequel vivent de nombreuses femmes. En quoi le père en est-il responsable?

Davantage qu'un vide affectif, c'est plutôt le sentiment de ne pas avoir de structure interne. Je fais la différence entre un vide affectif qui viendrait d'une réelle carence affective et cette absence de structure intérieure que je rattacherais au vide de père. Souvent, les femmes me disent en consultation

---

1. Publié aux Editions de l'Homme, 1998.

qu'elles ont le sentiment d'un vide intérieur. Elles vont le traduire ainsi : « Je me sens seule » ou « Il me manque quelqu'un » mais en réalité, les questions qu'elles se posent sont plutôt : « Qui suis-je ? », « Quelle est ma valeur ? » ou « Est-ce que je vaux quelque chose ? »

Comment une femme peut-elle avoir une vie affective bien remplie tout en se sentant intérieurement vide ?

Ce sentiment de vide intérieur touche à l'estime de soi, au sentiment de ne pas avoir de valeur et de ne pas être capable de réaliser des choses. Cet aspect fondamental de l'identité dépend beaucoup du regard que le père a porté sur sa fille quand elle était enfant ou adolescente. Le sentiment du : « Je crois en toi, je crois que tu as des possibilités, que tu es capable de réaliser quelque chose, que tu es quelqu'un. » Une femme définit sa valeur à travers ce qu'elle a vu dans les yeux de son père.

Certaines femmes reconnaissent pourtant avoir été aimées par leur père. Comment expliquer alors leur sentiment de vide ?

Très souvent, les pères vont aimer leur fille, mais sans s'impliquer vraiment dans son éducation. Ils en laissent la responsabilité à la mère. La fille finit par se rendre compte qu'elle aurait aimé qu'il se prononce davantage, qu'il s'interpose, qu'il s'intéresse à ses travaux scolaires. Comme si le père aimait sa fille mais se soustrayait à son rôle d'éducateur.

Donc, si un père s'occupe beaucoup de sa fille, celle-ci plus tard ne ressentira pas ce vide?

Ce n'est pas si tranché. Dans le développement de l'identité, il y a deux aspects. Le premier aspect concerne l'identité comme personne. Cela se traduit par le sentiment d'avoir une colonne vertébrale, d'être capable de se tenir, d'avoir des opinions, de réussir. C'est la confiance en soi. Il y a un autre aspect, davantage relié à l'identité sexuelle, au sentiment d'être une femme, d'être séduisante, d'être capable d'aimer et d'être aimée par un homme. Souvent, les femmes vont vivre ces deux aspects de leur identité en contradiction.

De quelle manière se manifeste cette contradiction?

Des femmes qui réussissent bien dans leur carrière vont venir consulter en se plaignant, par exemple, que leurs relations amoureuses ne fonctionnent jamais, et elles ont le sentiment que l'un est la cause de l'autre. Ou, à l'inverse, des femmes ayant confiance en leur féminité, en leur capacité de séduire, ont l'impression que, si elles donnent trop de place à leur carrière, cela va leur nuire. Il s'agit d'une difficulté pour la femme de concilier certains aspects de la masculinité avec leur identité féminine.

Comment expliquez-vous cette difficulté?

Les pères ont souvent du mal à jouer leur rôle de père aux deux niveaux du développement de l'identité de la fille. Ou bien ils vont valoriser sa féminité, lui renvoyer l'image d'une jolie petite fille, séduisante, à qui pas un homme ne peut résister, pas nécessairement en paroles mais par leur façon de se comporter avec elle, de se laisser séduire, par exemple, par ses sourires. La fillette va alors grandir avec le sentiment qu'elle est capable de séduire un homme, mais il est rare que le père valorise en même temps les aspects plus actifs de sa fille, qu'il s'intéresse à ses études, à ses projets d'avenir, soutienne ses efforts, ses réalisations, qu'il réagisse bien au désir qu'elle a de s'identifier à lui sur ce plan. Il y a toujours une période où la fille va essayer de faire comme son père : par exemple, aller à la chasse ou à la pêche avec lui. Et les pères qui, mettant l'accent sur la féminité, vont souvent répondre : « Non, ce n'est pas pour les filles » ne la soutiendront pas dans son désir. Pourtant, ce que la fille cherche à ce moment-là, ce n'est pas à devenir un homme, c'est imiter son père dans son affirmation de soi, son indépendance, son autonomie, sa force.

N'y a-t-il pas aujourd'hui de plus en plus de pères qui développent au contraire le côté masculin de leur fille, les poussent dans leurs études mais n'encouragent pas leur féminité?

Il y a toujours eu des pères qui ont valorisé ce pôle. Ces pères ont du mal à percevoir leur fille à la fois comme futur objet de désir d'un homme et comme capable de se réaliser dans la vie active. Je peux vous donner en exemple une jeune fille que son père avait reconnue comme celle qui pourrait prendre la relève du commerce familial. Elle savait s'affirmer, il en était fier, il l'encourageait, la poussait dans ses études. Il y avait chez elle quelque chose de masculin. Elle a fini par me dire que, dans le fond, son père ne valorisait pas tout ce qui était féminin. Au contraire, il ridiculisait les femmes les plus féminines. Pour lui, elles étaient des objets. Il les méprisait. Cela a créé chez ma patiente une déchirure au niveau de l'identité. Elle se sentait capable de réaliser des choses, mais elle avait toujours le sentiment, à cause de cela, de n'être pas une femme, objet possible de désir pour un homme.

Est-ce l'expression idoine, « objet de désir » ? N'est-il pas dégradant d'être considérée comme un « objet », même s'il est de désir ?

C'est exactement ce que j'essaye d'expliquer : la difficulté qu'ont aujourd'hui les femmes adultes d'être à la fois sujet dans leur vie – et quand je dis « sujet », je me réfère à cette colonne vertébrale intérieure qui confère la confiance en soi – et, en même temps, objet de désir et de conquête pour un homme. Quand la femme est sujet, souvent elle va avoir de la difficulté à se laisser séduire, à se laisser « chasser » par un homme. Chez d'autres femmes, ce sera l'inverse. Elles vont assez facilement se laisser considérer comme un objet dans une relation sexuelle, mais avec le sentiment que, si elles s'affirment par ailleurs devant un homme, elles risquent de le perdre. Comme si les deux ne pouvaient pas exister en même temps ! Avoir une vraie identité, c'est être capable, dans une relation amoureuse, d'accepter de se laisser séduire, de se laisser « chasser » sans avoir l'impression de perdre sa qualité de sujet. Il est vrai que c'est un défi pour la femme.

Jusqu'à quel point le père influence-t-il les amours ultérieurs de sa fille ?

Son rôle est déterminant. D'abord, le père est le premier amour de la vie d'une femme, et l'on sait qu'une première histoire d'amour, cela marque pour longtemps. J'ai parlé de ce double aspect de l'identité de la femme : d'une part, l'estime de soi comme personne, de l'autre, l'estime de soi comme femme à travers son pouvoir de séduction. Or, une relation amoureuse mobilise ces deux aspects. Que la femme ait confiance en ses capacités de séduction, qu'elle soit objet de désir pour un homme ne suffit pas. Il faut aussi qu'elle ait une certaine solidité interne pour vivre les moments d'incertitude. Si elle est trop dépendante du regard de l'homme et se demande sans cesse : « Est-ce qu'il m'aime ? », « Est-ce qu'il va m'aimer longtemps ? Et si je deviens moins belle quand je vais vieillir ? », si la relation tient trop à la séduction, elle ne sera pas aussi solide qu'elle pourrait l'être. Ces deux facettes sont importantes. C'est là que le père influence les relations amoureuses ultérieures de sa fille.

Pour quelles raisons les pères ont-ils du mal à encourager les deux aspects de la personnalité de leur fille ?

Gabrielle Rubin en parle dans *Les Sources inconscientes de la misogynie* [1]. Dans leur inconscient, les pères sont souvent aux prises, comme dans leur enfance, avec une image de la mère toute-puissante, étouffante et donc dangereuse. Il ne faut donc pas qu'une femme – dont leur fille est la représentante – soit trop forte, sous peine de devenir menaçante.

Est-ce le modèle paternel que sa fille va reproduire par la suite dans ses relations avec les hommes ?

Oui, si le père n'a pas joué son rôle, la fille, toute sa vie, sera à la recherche d'un regard masculin capable de remplir ce vide de sens. La femme attend alors de l'homme l'amour, l'attention et la reconnaissance que son père lui a refusés, ce qui ne peut manquer de faire fuir son partenaire qui, lui, est souvent aux prises avec les séquelles d'une relation étouffante

---

1. Robert Laffont, 1977.

avec une mère envahissante. Une de mes patientes vient de commencer une relation avec un homme et elle se rend compte à quel point elle éprouve le besoin constant, minute après minute, d'une confirmation de sa valeur dans le regard de cet homme. Celui-ci fait un pas en avant, un pas en arrière... Quand il fait un pas en avant, tout va bien, elle a confiance en elle, se sent appréciée. Dès qu'il fait un pas en arrière, c'est l'effondrement. Sitôt qu'elle le sent reculer, elle a l'impression qu'il ne veut plus d'elle, qu'elle n'est pas importante. Elle est incapable de comprendre que ce n'est pas à elle que ses craintes s'adressent, qu'elles peuvent lui appartenir à lui. Elle est tentée de rompre la relation. Elle n'est plus capable de recul, elle a besoin d'un regard qui vienne confirmer sa propre valeur.

Peut-on se libérer d'une mauvaise relation initiale au père ?

Oui, le point de départ est de comprendre comment une femme se voit encore aujourd'hui à travers le regard que son père a porté sur elle. Quand elle en prend conscience, il lui devient possible de prendre de la distance par rapport à ce regard et d'apprendre à se considérer autrement.

Comment ?

A partir du moment où elle prend conscience que tous les hommes ne regardent pas les femmes de la manière dont son père les voit. En thérapie, tôt ou tard, l'aide que je peux apporter devra être complétée par un regard masculin : patron, professeur ou collègue plus âgé. C'est souvent un homme qui va être investi d'une image d'autorité. La femme cherche dans le regard de cet homme-là une confirmation qu'elle n'a pas eue chez son père. Pour que ce soit efficace, il ne faut évidemment pas que la blessure de départ soit trop grande. Et il faut aussi que la femme ait la possibilité de s'ouvrir à un autre homme que son père.

Cette relation doit-elle être forcément indépendante de toute sexualité ?

Je crois que oui. Quand le rapport amoureux entre en ligne de compte, le conflit s'intensifie. Il faut vraiment qu'il y ait...

Chasteté ?

... Symboliquement un interdit d'inceste pour que ce soit efficace.

Est-il donc impossible de guérir à travers une relation amoureuse ?

C'est possible mais cela exige des conditions idéales : un homme qui soit lui-même très à l'aise dans son identité masculine et puisse tolérer que la femme vienne chercher chez lui quelque chose du côté paternel. Il n'est pas évident de jouer les deux rôles dans la relation amoureuse. Ce n'est pas courant. Il ne faut pas perdre de vue que les hommes vivent les mêmes faiblesses d'identité. Eux aussi ont parfois manqué de père. Ils ont souvent manqué de confirmation par leur père et sont restés aux prises avec une mère trop présente dont ils essaient, par réaction, de se libérer. Alors, quand ils sont avec une femme anxieuse qui essaie de les accaparer, ils se disent : « Encore une femme qui veut m'agripper ! »

A quelles conditions une relation amoureuse peut-elle être réparatrice ?

Si une femme tombe amoureuse d'un homme qui possède un côté paternel très développé vis-à-vis d'elle, la relation va durer quelques années. Puis, quand la femme se mettra à devenir plus sûre d'elle-même, plus solide dans son identité, la relation va s'effriter parce que l'homme aura des difficultés à tolérer ce changement. La femme peut sortir de cette relation-là grandie, et aller chercher un homme qui la considérera comme une égale. Donc, oui, la réparation peut survenir à l'intérieur d'une relation amoureuse lorsque cette relation a été complémentaire.

Vous évoquez dans votre livre une femme prise en charge financièrement par son père et qui, du coup, n'arrive pas à prendre son envol ni à trouver son auto-

nomie. Cela signifie-t-il que l'on doit se séparer de son père comme on doit se séparer de sa mère?

Tout à fait, oui. Et cette étape est plus difficile pour les pères. Comparons les séparations d'avec la mère et d'avec le père. Chez la petite fille, sortir de la fusion avec la mère est le nœud du développement de son identité. Durant ce processus, la petite fille va s'appuyer sur son père. Celui-ci, à ce moment-là, a le beau rôle : c'est à lui qu'elle va s'identifier, lui qu'elle va idéaliser et vouloir séduire. Durant cette période, il y aura peu de confrontations père-fille. Parce que le père est absolument nécessaire à la fille pour sortir de la fusion avec la mère. En revanche, à l'adolescence, vient l'étape où il faut se séparer du père, commencer à le considérer comme un homme comme les autres, sortir de cet œdipe, sortir de l'idéalisation. L'adolescente va se mettre à contester son père et ses valeurs. Pour les pères, c'est la période la plus éprouvante. Cette petite fille, qui le portait aux nues, se retourne contre lui. Se laisser « désidéaliser » n'est pas toujours facile.

Pourquoi est-il nécessaire à l'adolescente de contester le père?

Parce qu'à l'adolescence il est nécessaire que la fille s'affirme. Elle a besoin de s'approprier les forces qu'elle était allée puiser chez le père durant son développement, de les utiliser. Elle s'en sert pour le contester. En outre, le processus pubertaire s'enclenche, la jeune fille devient femme, les pulsions deviennent plus fortes, et la fille va avoir tendance à essayer sa séduction sur le père.

Comment réagit-il?

Les pères ont souvent tellement peur qu'ils éprouvent de la difficulté à reconnaître leurs propres désirs vis-à-vis de leur fille. Souvent, devant leur propre trouble, ils adoptent une attitude extrêmement drastique de fermeture, de rejet, et la jeune fille ne comprend pas ce qui se passe. « Pourquoi mon père, qui était toujours si proche de moi, me repousse-t-il tout à coup? » Et elle a tendance à interpréter cela comme : « Je ne lui plais pas. »

Comment conseillez-vous aux pères de réagir?

D'admettre la peur de leur propre sexualité. Quand ils arrivent à la reconnaître, ils sont capables de poser l'interdit sexuel sans rejeter pour autant leur fille.

De nombreuses filles idéalisent leur père, mais que se passe-t-il si elles le méprisent?

Difficile de mépriser son père sans se mépriser soi-même. La fille va mépriser en elle-même ce qu'elle a pris de lui. C'est la grande difficulté auxquelles ces femmes-là sont en butte. Le même problème existe pour les filles qui ont honte de leur père. Avoir honte de son père mène souvent à la honte de soi.

Comment cela peut-il se réparer?

Par la prise de conscience. C'est alors un adulte qui regarde un autre adulte, et non plus un enfant qui regarde son père.

La prise de conscience est la première étape. Suffit-elle?

C'est déjà un long travail. Pour changer le regard que l'on pose sur soi, il faut d'abord changer le regard que l'on pose sur son père et, pour cela, comprendre pourquoi son père était ainsi. Le voir non pas comme le père qui a manqué, mais comme l'homme qui a souffert. C'est pourquoi je parle de développer un regard d'adulte sur un autre adulte.

Vous dites que la seule façon d'apaiser la colère de la petite fille frustrée qui sommeille en de nombreuses jeunes femmes, c'est de faire le deuil de ce que son père n'a pas été...

Oui. Mais faire le deuil est un long processus qui suppose d'abord d'avoir vécu la colère et la rage que l'on peut ressentir d'avoir manqué. C'est seulement alors que l'on peut arriver à lui pardonner et à se pardonner.

*Est-ce que cela passe obligatoirement par une réconci-
liation physique avec le père?*

C'est souvent le cas. Quand la femme arrive à le
voir de façon plus adulte, le rapprochement se fait
souvent assez spontanément, mais il peut exister des
situations où cette réconciliation physique ne pourra
jamais se faire.

Si le père est mort?

Oui, ou encore s'il est lui-même trop blessé, fermé.
Une réconciliation, cela se fait à deux.

*Est-ce qu'une non-réconciliation peut handicaper la
guérison de la fille?*

Cela la rend souvent plus difficile. Cela demande
davantage de force intérieure d'être capable de faire
un deuil par soi-même et de continuer à voir le père
de façon positive.

*Vous dites qu'il revient à notre génération d'inventer
de nouvelles façons d'être père. Quelles pourraient-elles
être?*

Actuellement, on commence tout juste à prendre
conscience de l'importance du rôle du père et de la
façon dont il a manqué. Comment va-t-on y remé-
dier? On ne le sait pas encore. Tout le monde
cherche. Les jeunes hommes qui ont 25, 28, 30 ans
sont beaucoup plus présents auprès de leurs enfants

que leurs propres pères ne l'ont été. Ils se sentent concernés, ils savent que c'est important mais, en raison de leurs propres blessures, ils ne savent pas comment s'y prendre. Comme je le disais tout à l'heure, il y a chez eux une tendance à agir comme le font les mères, plutôt que de vraiment croire en leurs capacités à apporter quelque chose de différent. Le plus important, c'est d'abord de prendre conscience du manque. Les réponses viendront ensuite socialement, comme elles viennent individuellement.

Vous dites que la femme attend souvent de l'homme l'amour, l'attention et la reconnaissance que son père lui a refusés. Pour quelles raisons cet amour lui a-t-il été refusé ?

Malgré l'évolution des mentalités, l'homme continue à se percevoir davantage comme le pourvoyeur de la famille, et les pères sont toujours peu inclus dans l'éducation des filles. C'est souvent plus facile pour eux avec leur fils, parce qu'il y a comme un effet de miroir, d'identification. Dans mon bureau de consultation, j'entends souvent le père dire : « Ces choses-là, je n'y connais pas grand-chose. Ma femme connaît ça mieux que moi. » Et ils se retirent de l'éducation, ils cèdent. D'un autre côté, souvent les femmes...

... accaparent l'éducation.

Oui, tiennent l'homme à l'écart. Ce qui fait que, pour eux, c'est une difficulté supplémentaire de prendre leur place sur le plan de l'éducation. Déjà qu'ils n'ont pas confiance en eux, qu'ils ont l'impression de ne pas savoir s'y prendre, si en plus leur femme les tient à l'écart, ils sont obligés d'aller à contre-courant à la fois par rapport à eux-mêmes et par rapport à leur épouse. Ils voudraient intervenir, mais ils ont toujours peur, parce que la femme affirme de façon beaucoup plus claire ses compétences en matière d'éducation. Comme ils n'ont pas confiance, dès qu'ils sont en butte à un conflit, ils font marche arrière.

Ont-ils raison de penser qu'ils ne savent pas s'y prendre ?

Non, j'ai pu constater que les pères, par leur position extérieure, ont souvent une vision beaucoup plus juste, mais ils n'ont pas confiance en cette vision.

On assiste pourtant ces derniers temps à un mouvement inverse : les pères s'occupent de plus en plus des enfants et deviennent des papas poules au point que parfois la femme se sent exclue.

Je suis allée travailler avec des groupes de pères et j'ai été étonnée de ce que j'entendais. Extérieurement, on a l'impression que les hommes s'impliquent plus. Il y a même des hommes qui restent à la maison et s'occupent des enfants, alors que leur femme va travailler. Mais, dans le fond, cela revient au même, car ces hommes ont tellement peu de modèles et d'idées de ce qu'est vraiment le rôle du père qu'auprès des enfants ils vont adopter un rôle maternel. Ils ont des difficultés à croire qu'ils ont une différence à apporter et à quel point cette différence est nécessaire. Les hommes ne sont pas bien dans ce rôle maternel. Il va à l'encontre de ce qu'ils sont.

Vous pensez donc que l'on ne peut pas inverser les rôles?

Ce n'est pas une question de comportement, mais d'attitude d'esprit. Quand un homme donne à manger à son enfant ou change sa couche, il ne le fait jamais tout à fait de la même manière que sa femme. Il le fait à la manière d'un père, pas d'une mère.

Pourquoi le père ne pourrait-il pas prendre le rôle de la mère et réciproquement?

L'enfant cherche avant tout à construire son individualité. Il vient au monde en union corporelle et symbiotique avec une femme. Et la conquête de l'identité, c'est de pouvoir sortir de cette fusion-là. De sortir du même pour devenir différent.

Devenir autre?

Conquérir son identité, c'est sortir de la mère, sortir d'une identification totale à la mère dans laquelle tout enfant, garçon ou fille, commence sa vie. Pour construire cette identité-là, il faut que l'enfant puisse s'appuyer sur un être différent. Ce différent, c'est l'homme. C'est la raison pour laquelle les rôles ne peuvent pas s'inverser.

Quel est, selon vous, le rôle principal du père ?

Le rôle principal que le père a à jouer auprès de l'enfant, c'est d'être le représentant du social, de la loi, de ce qui va inscrire l'enfant dans quelque chose de plus large que la famille et de la relation duelle mère-enfant.

Roxane, Lola,
et leur père, Joseph

Roxane :
« Mon père a horreur de l'autorité »

Roxane a 23 ans. Elle est la cadette de deux sœurs. Tout en poursuivant ses études de lettres, elle est aide éducatrice dans un collège et vient, il y a peu, d'être engagée dans une médiathèque. Son rêve secret : faire du théâtre, devenir comédienne. Grande, fine, avec de grands yeux clairs, elle paraît sereine, posée, puis soudain, au détour d'une question sur le divorce de ses parents, elle éclate en sanglots. C'est comme un coup de tonnerre, et l'on découvre alors, derrière une apparence lisse et presque parfaite, une émotivité et une sensibilité à fleur de peau. Roxane est à vif, sur ses gardes. Elle est réservée, introvertie. Elle se confie au début avec réticence. Mais, une fois mise en confiance, c'est de bon cœur qu'elle accepte de raconter ses relations avec son père, kinésithérapeute.

Mon père a horreur de l'autorité. Il déteste par exemple le service militaire. Il m'a souvent raconté les pressions qu'il subissait de la part de ses parents pour travailler en classe. Il a cherché à ne pas me dégoûter de la scolarité et il a voulu que je m'épanouisse, que je fasse du sport ou de la peinture. Sans jamais me forcer. C'était la liberté. Il fallait gérer cette liberté. Au collège, je n'avais pas de difficultés, mais je ne travaillais pas beaucoup. Je préférais m'amuser, discuter, rigoler. Je ne passais pas beaucoup de temps à apprendre mes leçons d'histoire et de mathématiques. Je zappais. J'étais cancre sur les bords, mais pas nulle. Quand j'avais de mauvais résultats scolaires, mon père était calme, pas du tout excessif. Il était même plutôt contre les professeurs que contre nous. Cela me réconfortait et m'encourageait. Il ne me cassait pas et il ne me grondait pas. Il me faisait de simples suggestions. C'était une attitude tout à fait raisonnable, qui m'a donné envie de m'améliorer. Qu'il soit franc-maçon, pour le progrès de l'humanité, a beaucoup joué dans notre scolarité. A la maison, on abordait tout de façon plus philosophique.

Mon père me permettait de sortir et de rentrer quand je voulais. Il me faisait confiance. Je ne crois pas qu'il se soit montré trop permissif. Il a su aussi me fixer des limites. C'est quelque chose que je ressens mais que je ne pourrais pas expliquer. Il s'agit plutôt de foi dans certains idéaux. Il m'a donné sur le monde un regard ouvert et sans préjugés. Il m'a donné confiance en moi.

C'est mon père qui m'a annoncé la nouvelle de leur divorce. J'étais sous le choc. J'ai beaucoup pleuré, je ne savais pas comment le comprendre. J'avais 12 ans, et jamais je ne m'étais imaginé auparavant que mes parents divorceraient un jour. Je n'y étais pas préparée.

C'est dur pour moi encore aujourd'hui de parler de ce divorce. Je n'y arrive pas. La blessure est encore ouverte. A l'époque, j'ai tout gardé pour moi. Je n'en parlais à personne. Mon père a énormément souffert et il n'est pas encore guéri. C'est son chagrin à lui qui, aujourd'hui encore, me fait pleurer, bien davantage que le mien. Heureusement qu'il y avait ma sœur! Nous ne savions pas du tout quoi faire. Nous avons décidé de rester dans la même maison et de vivre avec celui des deux qui choisirait d'y rester aussi. C'est mon père qui est resté. Ma mère est partie.

Une fois au lycée, je me suis sentie découragée. J'avais envie d'arrêter l'école, je n'étais pas motivée. J'ai mis une croix sur ma scolarité. J'ai redoublé ma troisième et j'ai fait une très mauvaise année. Moralement, j'étais très bas. A cette époque, je me suis réfugiée dans le dessin. Je dessinais, j'écrivais et je me posais des questions philosophiques. C'était une manière d'extérioriser ce que j'avais au fond de moi. Je suis finalement allée voir un psychologue. Il fallait que je parle de cette souffrance. Jusque-là, je ne savais pas que c'était bien de le faire. Cela a été une découverte. Une porte s'est ouverte. Cela m'a permis de faire le deuil et, maintenant, j'ai accepté. C'est la vie de mon père et la vie de ma mère, je n'ai plus à m'en mêler ni à me poser de questions. J'en ai voulu à mes parents au moment du divorce, mais c'était un caprice. C'est leur choix et je le respecte. Depuis le divorce, mon père n'a jamais voulu reparler à ma mère. Je pense qu'il en est encore un peu amoureux.

Quant à l'école, j'ai compris que je n'avais pas le choix. Il faut avoir au minimum une licence si on veut être crédible dans la vie active. J'ai fini par avoir mon bac au bout de la troisième fois, mais ce n'est pas suffisant. Je fais tout aujourd'hui pour obtenir mon DEUG de lettres par télé-enseignement. J'envoie tous mes devoirs par Internet. Je voudrais travailler dans une bibliothèque et ce n'est pas évident. Les concours administratifs sont maintenant à un super niveau. Je n'ai pas abandonné l'idée de faire un métier du spectacle, du théâtre et peut-être de la danse. Mon père n'est pas rassuré car c'est un domaine aléatoire.

Longtemps, mon père est resté tout seul. Il a eu quelques aventures mais cela n'a jamais duré. Cela m'a inquiétée et angoissée. En même temps, c'est son tempérament. Il est solitaire, sauvage. J'aurais aimé qu'il se remarie ou qu'il ait une compagne.

Ma sœur a un caractère fort, une personnalité forte. Elle est beaucoup plus exubérante que moi et n'a pas du tout les mêmes relations que les miennes avec mon père. Si elle était là, elle vous dirait que je suis la « chouchoute ». Elle m'a souvent fait remarquer : « Papa n'est pas aussi dur avec toi qu'avec moi. » Peut-être est-ce de la jalousie. Il est vrai que j'ai souvent évité de déranger mon père. Ma sœur, elle, fonçait droit sur lui, et tant pis si ça laissait des séquelles. Je ne voulais pas agir ainsi. Je l'avais vu souffrir à cause de son divorce et je n'avais pas envie d'en rajouter.

Mon père m'a protégée. Ma sœur a été dure avec moi par moments. Il y a eu des rivalités. Cela s'est répété ensuite avec ses petits copains. A chaque fois, j'attirais l'attention sur moi. Elle en est arrivée à un point où elle ne voulait plus me les présenter. Peut-être ses copains me trouvaient-ils physiquement jolie, mais cela ne voulait pas forcément dire qu'ils allaient la quitter pour moi. Cela passait uniquement par le regard, elle s'est fait des films. De mon côté, peut-être aurais-je dû être plus discrète, m'effacer. Je n'ai pas cherché en tout cas à être provocante ou allumeuse. J'étais mal parce que, ma sœur, je l'adore.

Je l'ai longtemps enviée, considérée comme une idole. Je disais amen à tout ce qu'elle faisait. J'aimais ses amis et j'avais envie de faire partie de son univers. Nous avons été très, très proches. Elle me conseillait. Quand je suis arrivée en sixième, elle a voulu que j'aie un petit ami et c'est elle qui a tout arrangé. Maintenant, au contraire, j'évite de voir ses copains. Je ne suis pas naturelle.

Comme nous étions seules avec mon père, nous avions des problèmes de filles dont nous ne pouvions pas parler avec lui. Même avec ma mère, je suis plutôt discrète sur ces sujets. Le jour où ma sœur a eu ses premières règles, mon père a tout de suite été mis au courant par ma mère. Elle l'a mal vécu, elle a été choquée. Elle a fait un blocage. Cela a été super dur pour elle. Entre mon père et ma sœur, cette histoire a marqué une sorte de stop.

Moi, en voyant ce qui s'était passé avec ma sœur, j'ai été la plus discrète possible. Mon père essayait d'être cool mais cela m'énervait. Par exemple il disait : « Tu veux que je t'achète des Tampax ? » Je disais non.

Mon père ne m'a jamais dit que j'étais belle, mais je sens dans son regard beaucoup d'amour. Je pense qu'il nous aime énormément. C'est à vie. Quand j'avais 16 ans, je faisais de la danse. Un jour, dans le métro, une femme m'a proposé de me présenter à l'agence de mannequins Elite. Mon père, au début, était pour, il me poussait, il était ravi à l'idée que je puisse faire des photos. Il m'accompagnait à tous les rendez-vous. Un jour, cette femme m'a demandé de perdre des kilos et de faire un régime. Il fallait que je prenne des médicaments, que je voie une diététicienne. Mon père a refusé.

Je ne lui en veux pas du tout. Il a joué son rôle de père, de protecteur. Heureusement qu'il a été là. Sans lui, j'aurais pu me laisser embarquer dans une histoire qui ne m'aurait laissé, au bout du compte, que des désillusions. Cela aurait pu mal se terminer pour moi. A cette époque, j'ai vu à la télévision une émission sur les mannequins qui réussissent et ceux qui échouent. Cela m'a fait prendre conscience des risques. A la place de mon père, je pense que j'aurais agi comme lui.

On dit toujours que l'on cherche un compagnon sur le modèle de son père. Mon ami est à l'opposé. Déjà, il y a une différence de couleur : il est noir. De plus, il est comédien. Il n'a pas de travail en ce moment, il ne décroche aucun cachet. Il a eu une vie mouvementée. Nous n'avons pas les mêmes habitudes. Je me vois mal pour l'instant vivre avec lui. J'ai encore trop besoin de trouver une stabilité.

En ce moment, mon père a une compagne. Elle est très sympa et je pense que c'est une fille bien. J'aimerais que cela dure. Moi, je m'occupe de mes propres affaires et je ne vis plus à travers les uns ou les autres. C'est mon ami qui m'a fait prendre conscience qu'auparavant je le faisais. Il fallait que dise adieu à la petite fille que j'étais.

J'admire beaucoup mon père mais je ne l'idéalise plus. J'ai 23 ans et je veux vivre ma vie, pas celle de la fille de mon père. J'ai beaucoup de projets et je voudrais les mener à bien. Idéaliser mon père à l'excès pourrait m'en empêcher. Par exemple, je veux faire du théâtre, je sais que mon père n'est pas d'accord. Même si l'année dernière, par exemple, j'ai joué dans une pièce et il est venu me voir pour m'encourager. Je veux me débarrasser de son influence pour un temps.

Lola :
« Mon père a énormément d'autorité sur moi »

Lola est la sœur aînée de Roxane. Elle a 28 ans et s'intéresse à la psychologie, à la politique et au journalisme. Elle travaille actuellement comme assistante de production à France 2. Elle est aussi pétulante et extravertie que Roxane est calme et discrète. Elle bouillonne de vie, d'énergie et d'intelligence. Le visage carré, la mâchoire volontaire, Lola a les traits réguliers et un regard bleu acier qui ne se détourne pas. Elle ne mâche pas ses mots.

Mon père a énormément d'autorité sur moi. Il est impressionnant. Enfant, dès qu'il sourcillait un peu, je me calmais. J'ai toujours eu pour lui de l'admiration, de l'amour et du respect. En état de crise, il m'est arrivé d'insulter ma mère ; mon père, jamais. Si je le contredisais, sans même dire de grossièretés, je me prenais une gifle, je n'allais donc jamais bien loin. Parfois, ce que je lui disais n'était même pas agressif et il rétorquait : « Arrête de te foutre de moi ! » Moi, j'étais à des années-lumière de cela.

Une fois, je n'avais rien fait, j'en suis sûre, et mon père m'a donné une claque. Il est grand et il a vingt ans de judo derrière lui. Sa main fait le double de la mienne. Il m'a tapée sur la tête et je suis tombée dans les pommes. Ce jour-là, j'ai pris mes affaires, j'ai appelé ma mère, j'étais en pleurs. Pour rien, je n'avais rien fait, et cela avait été tellement violent ! C'était peu après le divorce de mes parents. Je suis partie chez ma mère. Je pensais que je ne retournerais jamais plus chez lui. En réalité, cela s'est très mal passé avec ma mère et je suis rentrée à la maison. Pendant de très longues années, j'ai continué d'agir ainsi. Quand cela se passait mal avec ma mère, je retournais chez mon père, et inversement. Cela ne se passait bien nulle part. Ce n'est pas le divorce en soi, le plus difficile. Ce qui m'a fait le plus souffrir, c'est leur souffrance à eux. De plus, il s'est comporté différemment avec ma sœur, il était plus tolérant. Enfin, je ne sais pas si c'est une question de tolérance. Elle, il ne l'a jamais frappée.

J'éprouvais de la crainte envers mon père. Il y a plein de choses que je ne m'autorisais pas avec lui. Quand j'interrogeais mes amis, je voyais bien que chez eux cela ne se passait pas du tout ainsi. Cela découlait aussi de tout ce que je subissais par rapport à lui, de l'humiliation que je ressentais vis-à-vis de lui.

Mon père a eu une amie tout de suite après le divorce. Elle est passée deux ou trois fois à la maison.

Un dimanche, j'avais 17 ans, je me trouvais à la maison et lui était là avec elle. J'étais dans ma chambre. Ils étaient en bas dans le salon puis ils sont montés. Mon père est venu me voir et il m'a dit : « J'aimerais bien que tu descendes. » Je ne sais même plus s'il ne m'a pas demandé de sortir de la maison. En fait, ils sont allés dans la chambre de mon père et ils ont fait l'amour. Et moi, j'étais là. Cela m'a traumatisée. Je me suis sentie humiliée, pas respectée. Il n'avait pas le droit de faire ça, de me demander de partir de ma chambre pour pouvoir faire l'amour avec une femme. Je me souviens d'avoir appelé un copain pour lui raconter : « Tu te rends compte, mon père m'a demandé de partir pour pouvoir coucher avec une fille ! » J'avais trouvé cela malsain. Après cela, il l'a plaquée. Il avait compris.

Une fois j'étais dans la salle de bain, j'avais 10 ou 11 ans, je commençais à être pubère, à avoir des seins, et il est entré dans la pièce. « Ah, les petits nénés ! », a-t-il dit. Je ne l'ai pas supporté. J'ai dû me cacher. Une autre fois, j'avais 12, 13 ans, je lui ai dit : « Les garçons se masturbent, c'est dégueulasse. » Il m'a regardée droit dans les yeux et il a répliqué : « Pourquoi ? Tu crois qu'il n'y a que les garçons qui se masturbent ? » Cela m'a beaucoup choquée à l'époque. D'ailleurs, aujourd'hui, pour les filles, ce sujet est encore tabou. Depuis ces événements, je suis encore aujourd'hui très complexée par mon corps.

Je pense que mon père ne supportait pas ma force. Il devait retrouver en moi des choses qui faisaient écho à son enfance, à son histoire, à ce qu'il est, lui. Enfant, il a été en échec scolaire. Un jour, il m'a dit qu'il était un raté. A Roxane, il n'aurait jamais fait cette confidence. Cela m'a semblé bizarre. Ça a été dur pour moi. C'est ce que je pensais et ressentais, mais je ne voulais pas le penser.

C'était l'époque où je commençais à comprendre les mécanismes d'identification, de construction de l'identité à travers les parents : le père est la personne à laquelle l'enfant s'identifie sur le plan social, et la mère, c'est plutôt sur le plan de la construction affective, intime. J'ai commencé à comprendre pourquoi je manquais tant de confiance en moi, avec, en même temps une sorte de complexe de supériorité. Cela m'a permis de reconstituer le puzzle.

Je voyais jusque-là mon père comme quelqu'un de très puissant, de grand, d'impressionnant. A l'intérieur de notre cellule familiale, il était imposant, hautain, intransigeant, affirmé. Il compensait. En réalité, il se laissait mener par le bout du nez par ma mère. C'est tout le paradoxe du personnage : un complexe d'infériorité procédant d'un complexe de supériorité. L'un ne va pas sans l'autre.

J'avais le sentiment qu'il n'était pas du tout épanoui, qu'il vivait mal sa vie d'homme, qu'il n'avait aucune confiance en lui, qu'il était complètement introverti. Il est un sauvage, un ermite, un antisocial, renfermé sur lui-même. Il n'a aucun ami, il ne sort pas et il ne voit personne. Ses seules sorties, sa seule vie sociale, ce sont ses réunions de francs-maçons tous les quinze jours. Beaucoup de gens l'apprécient, par exemple les parents de ma meilleure copine. Ils me disaient souvent qu'ils aimeraient bien rencontrer mon père. Et, à chaque fois, il refusait.

Il a été dur avec ma mère. Ils parlaient peu. D'après mon père, c'est ma mère qui a voulu divorcer et, d'après ma mère, c'est lui. Un an ou deux avant leur divorce, ma mère avait fait beaucoup de pas vers lui. Leur couple ne fonctionnait plus, ils n'avaient plus de rapports sexuels depuis un an. C'est ce que ma mère m'a raconté car, contrairement à lui, elle parle, à la limite trop. Elle est allée un jour le voir par surprise à son cabinet et lui a offert un bouquet de fleurs. Sa réaction a été de marbre : « Bon, qu'est-ce que je vais en faire ? Je n'ai même pas de vase. » Ce fut sa dernière tentative, elle a été écœurée.

Entre ma sœur et moi existe une grande jalousie. Sur différents plans. Quand nous sommes tous les trois, mon père, Roxane et moi, l'échange se fait essentiellement entre mon père et moi. Nous discutons beaucoup de politique, de philosophie, et ma sœur reste en retrait, elle est effacée. Avec mon père, à la limite, on ne l'intègre pas dans nos discussions.

Roxane en a énormément souffert. Et elle continue à en souffrir. En revanche, Roxane a fait des câlins avec mon père très tard par rapport à moi. Jusqu'à l'âge de 12, 13 ans.

J'ai souvent ressenti qu'elle se sentait inférieure à moi intellectuellement et socialement. Comme j'avais une forte personnalité et que nos parents étaient plutôt démissionnaires, j'ai joué un peu pour elle le rôle de mère. Je l'ai soutenue. J'ai une facilité de communication qu'elle n'a pas, mais qu'avec le temps elle acquiert. Même si à chaque fois qu'elle m'appelle, c'est pour pleurer. Moi, je suis quelqu'un de gai. Je rigole tout le temps, j'ai beaucoup d'énergie, peut-être trop.

Mon père ne m'a jamais dit qu'il me trouvait jolie. Il m'a toujours fait des critiques. Je ne pense pas qu'il l'ait dit non plus à ma sœur. Sauf qu'elle, elle se faisait arrêter dans la rue à cause de sa beauté. Papa l'a soutenue et même accompagnée quand elle s'est fait remarquer par une femme qui travaillait pour l'agence de mannequins Elite. Elle avait commencé à prendre ses mensurations et à lui demander de perdre du poids. Papa a tiqué. Il lui a dit non.

Quand elle a eu 14 ans, elle a commencé à me dépasser en taille. Depuis toute petite, j'ai toujours été complimentée sur mon physique, j'ai toujours été la chouchoute des profs, des maîtres et des maîtresses. J'avais une petite tête de blondinette et j'étais aussi une enfant très gentille. J'ai eu un succès un peu démesuré au collège. On me parlait souvent de mon physique dans des termes élogieux. Et puis, du jour au lendemain, Roxane est devenue plus grande que moi et c'est elle qui attirait les regards. Je lui présentais mes petits amis et ils ne regardaient plus qu'elle, ils ne me parlaient plus que d'elle. C'était insupportable.

J'en souffre toujours. Je ne supporte pas d'entendre que Roxane est plus belle que moi. Je suis jalouse d'elle. Très jalouse. Par exemple, samedi prochain, je fête mon anniversaire. J'ai envie qu'elle soit là mais je sais qu'elle va me faire de l'ombre. C'est incroyable ce que les hommes la regardent!

Papa a fait un gros blocage au sujet de l'Education nationale. Sa mère était professeur, son père instituteur. Sa femme – ma mère – était prof, conseillère d'éducation. Sa sœur est institutrice. La sœur de ma mère est institutrice. Il remet beaucoup en question l'école, l'institution scolaire.

Je n'ai jamais travaillé à l'école. J'ai redoublé la cinquième et la troisième, mes parents m'ont donné le choix : soit suivre un BEP, soit redoubler encore une fois. Ce n'était pas une question de capacités mais de travail. Je n'avais pas fait assez d'efforts. Mon père voulait absolument que je fasse un BEP. Ma mère, au contraire, voulait que je continue à suivre un cursus scolaire classique. J'ai finalement opté pour un BEP de secrétariat ; j'y suis restée trois jours. J'ai cru que j'allais faire une dépression. J'ai appelé mon père au secours. Il m'a dit : « Je m'en fous, tu y es, tu y restes ! » Après, j'ai appelé ma mère et elle m'a dit : « Pas de problème, tu retournes à l'école. » Elle était ravie. J'ai redoublé dans le collège où elle travaillait. J'ai eu 17 de moyenne dans toutes les matières. Le BEP m'avait donné un sacré coup de fouet, je me suis mise à bosser. J'étais très attentive en cours. J'ai eu mon bac littéraire. Après, j'ai fait histoire de l'art pendant trois ans.

Je fais de la peinture depuis que je suis toute petite, et je dois reconnaître que mon père m'a toujours encouragée, complimentée sur mes toiles. Il m'a toujours dit que j'avais du talent. Mes domaines sont plutôt la danse, le chant et la peinture, l'écriture aussi. J'écrivais des poèmes quand j'étais enfant, j'en écris encore.

A 18 ans, j'ai rencontré un garçon que je fréquente encore aujourd'hui. Cela fait dix ans maintenant. Il a 17 ans de plus que moi. Il est antillais avec des origines guadeloupéennes, portugaises, métissées, cap-verdiennes. C'est un homme chaleureux, tactile, sensuel, imposant, charismatique. Roxane et moi, nous avons toutes les deux choisi un compagnon aux antipodes de notre père.

Je ne me sens pas tellement femme. Je crois que j'ai beaucoup d'hormones mâles. Je suis bloquée.

Aujourd'hui, quand un homme me plaît, je le fuis. Je le séduis, mais ensuite j'ai peur d'aller jusqu'au bout. C'est difficile, j'ai du mal.

Sur le plan sexuel, je ne suis pas complètement frigide mais je n'ai jamais eu d'orgasme avec un homme. Même si j'ai énormément de plaisir à faire l'amour. J'ai consulté une sexologue. Nous avons beaucoup parlé et je sais que ce n'est pas si anormal. Au contraire, c'est même fréquent. Les femmes qui disent que tout se passe bien à ce niveau-là, j'ai du mal à y croire.

Un jour mon père m'a dit : « J'ai toujours pensé que le sexe c'était quelque chose d'acquis, de culturel. » Et il a poursuivi sa phrase : « Et aujourd'hui, je commence à me demander si ce n'est pas quelque chose d'inné. » Quelque chose d'instinctif, qui fait partie de nous. C'est un des rares moments où nous avons parlé de ce sujet.

Le métier de mon père, c'est le toucher : il est kinésithérapeute. Il soigne les gens qui ont mal. Il s'efface, il se met au service d'une personne qui souffre. Il bosse près de dix heures par jour, plus de soixante-dix heures par semaine, pour gagner une misère. C'est un homme honnête, droit. Mais, bon, je ne le vois jamais toucher personne. Moi, il ne m'a jamais touchée. Il ne m'a jamais soignée non plus. Jamais. Ma sœur, si.

Si un jour je fais des études de psychologie, j'aimerais travailler sur le thème du corps, des sens, du sexe. Je m'intéresse à ce qui est tactile. Nous vivons tous dans des bulles, personne ne se touche. Cela me manque. Cela fait partie des valeurs que je souhaite défendre, qui me rattachent à la vie. Finalement j'adopte le même combat que mon père, il y a une continuité. Nous nous ressemblons beaucoup, nous avons beaucoup de points communs.

Les meilleurs souvenirs que j'aie avec lui viennent de l'enfance. Chaque année, il nous rejoignait en vacances et c'était un moment de joie immense pour moi. Quand je rentrais de colonie de vacances, ma mère me prenait dans ses bras et pleurait. Moi, je ne pleurais pas. Quand c'était mon père, je le prenais dans mes bras et je pleurais. Lui non. Je n'ai jamais vu mon père pleurer. Autre merveilleux souvenir : quand nous étions petites, ma sœur et moi, nous allions le voir dans son lit le dimanche. Nous nous mettions chacune sur une de ses épaules et il contractait ses biceps. Comme il est assez grand, cela faisait comme un manège. C'est ce que nous appelions « faire la force ». J'adorais. Mon père m'a également appris à aimer la nature. Nous avons fait des randonnées. Il est écolo, moi aussi.

J'ai des photos de moi bébé avec mon père qui me bouleversent. Je suis dans ses bras et il a la tête penchée vers moi dans une attitude de tendresse. Il y a chez lui un amour démesuré, je le ressens profondément. Moi aussi, je l'aime très, très fort, et il m'arrive souvent de pleurer en l'imaginant en train de me prendre dans ses bras. Que l'on se dise que l'on s'aime, ce serait une des plus belles choses de ma vie. Je ne sais pas si cela arrivera un jour. Je suis bloquée et lui aussi. J'ai rencontré une fois une femme plus âgée qui avait eu le même type de père. Un jour, elle l'a appelé pour lui dire : « Papa, je t'aime », il lui a répondu : « Moi aussi. » Ensuite, en se revoyant, ils se sont serrés dans les bras, se sont embrassés et ont pleuré longtemps. Je n'arrive même pas à concevoir que cela puisse arriver avec mon père, tellement il y a de distance entre nous. Cette femme avait vingt ans de plus que moi. Elle avait trouvé son père à l'âge de 40 ans. J'aimerais tellement que cela nous arrive. J'adorerais. Même si cela me semble surréaliste, inaccessible. Je ne suis pourtant pas pessimiste de nature. Cela se passe mieux avec lui depuis qu'il est avec son amie. Il y a peu, il m'a appelée en disant : « Je ne sais pas pourquoi je t'appelle. » C'était la première fois qu'il le faisait. D'habitude, il me téléphone rarement. Il m'a téléphoné aussi pour me dire qu'il partait en Espagne avec son amie et que Roxane avait obtenu un job à la médiathèque. Il était vraiment content. « Vous êtes des championnes toutes les deux. » Et quand il l'a dit, il avait le sourire aux lèvres, je l'ai ressenti. J'ai cru que j'allais m'évanouir. Cela m'a fait beaucoup de bien.

Joseph :
« Je voulais la garde des enfants et je n'ai pas eu de mal à l'obtenir »

Joseph est le père de Lola et de Roxane. Il a 56 ans. Après son divorce, il a élevé seul ses deux filles. De nature pudique et réservée, il accepte néanmoins de se confier. Grand, le visage taillé à la serpe, il a une allure sobre, presque austère. C'est un homme sérieux. Et séduisant.

J'aime mes deux filles autant l'une que l'autre, mais c'est vrai qu'il y a eu des différences. L'aînée n'était pas très proche de moi, la cadette si. Pourquoi ? Parce que mon ex-femme avait mis une sorte d'exclusivité sur notre fille aînée. Je n'avais pas trop le droit de m'en occuper, ou alors il fallait que je joue le père fouettard, ce à quoi je me suis refusé catégoriquement, quitte à me fâcher. C'est d'ailleurs ce qui s'est passé. C'était mon ex-femme qui allait la chercher à l'école, qui s'en occupait. Je ne pouvais rien dire. Je n'ai rien eu le droit de faire jusqu'à ce que Lola ait 16 ans. Ma fille était très attachée à sa mère et j'avais l'impression que, pour elle, je ne comptais pas beau-coup.

Entre les filles et leur mère, il y avait des cris, des crises, des scènes terribles. Moi, je restais calme. Je ne crie jamais. J'essayais de faire le médiateur chaque fois que je le pouvais. Si ma femme me lançait des invec-tives, je ne répondais pas. Pas frontalement en tout cas, mais calmement. A chacun son style.

Mon ex-femme s'est occupée fort peu de notre seconde fille. Roxane passait réellement en second. Elle allait jusqu'à oublier ses anniversaires. Je m'en suis donc occupé beaucoup. Je préparais ses repas, je l'habillais. Elle était collée à moi physiquement. Elle me prenait par le cou. Chaque fois qu'elle avait un souci, c'est vers moi qu'elle se tournait, alors qu'en principe ce sont les mères qui sont proches physique-ment des enfants quand ils sont tout petits. Ma fille cadette s'est donc accrochée à moi, et elle le reste un peu. Enfin, je crois. Voilà la différence. Pourtant, j'aime mes filles de la même façon et je m'en serais volontiers occupé à égalité. D'ailleurs, aujourd'hui, ma fille aînée me devient de plus en plus proche. De l'eau a coulé sous les ponts et elle est devenue plus sage.

J'ai toujours été soucieux de leur sécurité. De ne pas les laisser sans surveillance. Là encore, j'étais en désaccord avec leur mère. Lorsque mes filles étaient petites, nous habitions au vingt-troisième étage d'une tour à Malakoff. Je voulais installer des barreaux aux fenêtres ou, au moins, que l'on ferme les fenêtres quand Lola – elle était seule à l'époque – jouait dans la pièce. Ma femme considérait que les enfants ne sont pas fous et qu'ils ne se jettent pas par la fenêtre, donc elle laissait ouvert. Un détail.

La naissance de ma fille a été pour moi une grosse émotion. J'étais arrivé juste à temps. On m'a mis une blouse blanche et prié – sans beaucoup d'égards, d'ailleurs – de me placer derrière le coin du lit : « Surtout, restez là, taisez-vous et foutez-nous la paix. » J'ai donc assisté à l'accouchement. A ce moment-là, il n'y avait pas d'échographie, on ne savait pas à l'avance le sexe des enfants. C'était la surprise. Le médecin a commencé par dire : « Ah, c'est un beau brun ! » puis : « Ah, c'est une fille. » Il avait l'air presque déçu. Moi, j'étais ravi. J'ai pleuré. Je n'ai jamais souhaité avoir de garçon.

Ensuite, j'ai vécu toutes les difficultés de leur parcours scolaire. Moi-même fils d'enseignants, j'avais eu par le passé pas mal de problèmes avec l'enseignement, et pas mal de conflits. Je suis assez braqué contre le système scolaire qui est, à mon avis, un système de stérilisation de l'esprit. Seuls surnagent ceux qui sont particulièrement dociles. Pour les autres, ce sont beaucoup de défaites. Mes filles ont eu droit à cet échec. J'en avais moi-même bavé, et j'aurais bien voulu leur éviter cette épreuve. Malheureusement, je n'ai rien pu faire pour l'empêcher. Je ne sais pas quelles sont mes responsabilités dans ce domaine. Elles avaient toutes les deux de mauvaises notes, c'était assez désastreux. L'aînée a redoublé toutes les classes, ne travaillait pas, sortait beaucoup, et c'était tout ce qui l'intéressait. J'ai essayé de la stimuler ou de l'aider, mais j'ai rapidement vu que je n'y pouvais pas grand-chose. Je me suis dit : « Pas la peine d'entrer en guerre. » Ma propre expérience avait été mauvaise, pas question de la reproduire avec mes enfants.

Mes parents auraient voulu que je fasse Polytechnique et que je sois président de la République, c'était un minimum ! J'aurais bien aimé que mes filles ne subissent pas la même pression. L'aînée a réussi à trouver sa voie et un travail, même si elle n'a pas de diplôme.

Lola vit avec son ami. C'est peut-être confidentiel. Ne lui répétez pas. C'est une histoire d'amour avec un garçon qui a fait un enfant à une autre femme. Cela fait plusieurs années que cela dure. C'est très difficile et cela me désole. Je ne l'ai pas vu souvent, le gars, mais suffisamment pour comprendre que ce n'est pas l'intérêt de Lola d'avoir une relation avec lui. J'ai essayé de l'en dissuader, de lui ouvrir les yeux, de la mettre en garde. Sans succès.

Est-ce que je pense avoir influencé mes filles dans leurs relations avec les hommes ? J'ai essayé de leur donner de la confiance, et de la complicité. Quand elles ont eu leur première relation sexuelle, je ne l'ai pas su, elles ne m'en ont pas parlé, elles se sont confiées à leur mère. Je me suis senti exclu. J'aurais aimé qu'elles se confient à moi, si cela avait été possible car, pour elles, c'est de l'ordre du secret, de la relation personnelle, intime. Est-ce que cela se raconte? Je ne sais pas. Les conseils de gynécologue, la pilule, cela s'est passé avec leur mère.

J'ai peut-être été trop permissif. Ce qui m'importait, c'était la confiance. Je crois avoir expliqué à mes filles de toutes les manières possibles que c'était à elles de savoir qui elles fréquentaient, et à elles d'avoir leur propre jugement. Je leur faisais confiance et je pense en avoir récolté les fruits.

Je ne pouvais pas à la fois leur laisser la liberté et surveiller ce qui se passait au cours de leurs soirées. Ce n'était pas possible. Lola, l'aînée, a commencé au lycée, à 14 ou 15 ans, à fumer du hasch. Je l'ai su plus tard. Je ne m'imaginais pas qu'elle avait commencé si tôt. Quand je l'ai appris, elle avait déjà 22 ou 23 ans. J'ai alors cherché à la renseigner sur la toxicité du produit. Elle n'y croit toujours pas. Les jeunes d'aujourd'hui considèrent que le hasch est inoffensif. Je ne suis pas d'accord. C'est un toxique, un poison.

Pendant longtemps, j'ai vécu seul avec mes filles. Quand j'ai divorcé, elles avaient respectivement 12 ans et 16 ans. Elles sont restées chez moi. Je me suis montré particulièrement ferme sur la question. Je voulais la garde des enfants et je n'ai pas eu de mal à l'obtenir. J'ai gagné la partie. Cela s'est fait par consentement mutuel. Je restais là, je gardais les filles et je recevais une pension. Leur mère est enseignante. Nous avons ensuite inversé les rôles, elles allaient et venaient. Elles avaient leurs habitudes chez moi la plupart du temps, mais elles allaient souvent chez leur mère.

Quand leur mère s'occupait d'elles, je trouvais cela normal, légitime. Parfois, elle était tout à fait charmante, agréable à vivre, mais il y avait des périodes où elle était complètement absente, dépressive au point de se mettre en arrêt de travail, de dormir jour et nuit. Les gosses étaient déboussolées. A ce moment-là, j'étais présent. J'ai toujours pallié les manques.

On s'en est sortis, mais on y a laissé des plumes, et les filles aussi. J'ai assuré le plus possible leur confort, leur environnement pour ne pas les déstabiliser. Cela n'a jamais été compliqué de vivre seul avec elles. Lola m'est reconnaissante d'avoir pris cette décision, elle me l'a dit plusieurs fois. Sa mère lui interdisait tout : pas question de sortir, pas question de ceci ou de cela. Quand je me suis retrouvé avec elle chez moi, j'ai desserré les contraintes. Cela a été un grand retour au calme, pour moi comme pour les filles. Je leur faisais une vie plutôt agréable. Lola, je lui ai permis de vivre, de sortir raisonnablement, j'ai lâché ensuite du lest de plus en plus. Mes limites étaient certains horaires à respecter.

Est-ce que j'avais de l'autorité sur mes filles ? C'est surtout la confiance qui m'importait. Je n'ai pas mis des enfants au monde pour les empêcher de vivre. J'ai un point de vue libertaire. Par la discussion, je leur ai donné des garde-fous. Le dimanche, nous étions rituellement réunis à table et nous parlions de tout. Elles m'interrogeaient. Je leur ai rabâché à longueur de temps qu'elles pouvaient sortir autant qu'elles le voulaient, à condition de ne pas saboter leur avenir, leurs études. Lola, à un moment donné, ne voulait plus aller en classe du tout. Elle faisait l'école buisson-nière. Elle a séché un trimestre entier. Elle avait 15-16 ans. Du coup, j'ai décidé de l'inscrire dans un collège d'enseignement technique pour qu'elle apprenne un métier. Elle s'est retrouvée dans un milieu qui n'était pas le sien, dans un univers moins favorisé. Ça lui a fait un choc et, du coup, au bout de deux jours, elle m'a dit : « Papa, tu ne peux pas me laisser là, ce n'est pas possible ! » Je l'ai laissée mijoter jusqu'à la fin de la semaine, et nous avons négocié son retour dans un collège. J'étais content d'avoir obtenu cette prise de conscience. A partir de là, elle s'est remise mollement mais sûrement aux études.

Je lui ai acheté une Mobylette. C'était de ma part une preuve de confiance car je n'y tenais pas. Elle s'en allait parfois dans la nuit, sans précaution, toute seule. Si je le lui avais interdit, elle l'aurait fait quand même.

Est-ce que mes filles s'entendent bien ? Elles ont été très proches, très complices. Il y a eu des conflits aussi, pour des bêtises. Elles s'injuriaient copieusement. Lola surtout piquait des crises d'hystérie. Je lui disais d'aller dans sa chambre et je fermais la porte. Mais comme c'est une maison à étage, sitôt que je descendais, elle recommençait à injurier sa sœur. J'ai essayé d'intervenir et puis j'ai laissé faire. Sauf une fois : Lola était en train de taper sur sa sœur, cela tournait au drame, au tabassage. Là, je me souviens, je l'ai projetée assez fort contre un mur et je l'ai regretté après. Il m'est arrivé de donner des gifles à mes filles. Cela m'a beaucoup culpabilisé.

Quand on est saturé de boulot, le plus difficile, pour un père, c'est d'être là. Ce que veulent les enfants, c'est de la présence. Ils ne s'intéressent pas à vos problèmes. Pour eux, on est responsable de tout. On les a mis au monde, donc on doit assumer, fatigué ou pas.

Je n'ai pas voulu me remarier. J'ai eu quelques amies et puis, à un moment donné, j'ai décidé de rester seul. Juste une fois, j'ai failli avec une fille beaucoup plus jeune que moi. J'ai renoncé. Mes filles ont certainement pesé sur ma décision. J'appréhendais à l'avance une éventuelle rivalité. Quand j'ai divorcé, j'étais content pour moi mais malheureux pour mes enfants. J'ai donc tout fait pour atténuer leur peine. Mes filles ne se sont pourtant jamais exprimées à ce sujet. Je me suis peut-être fait des idées.

Est-ce que j'ai eu du mal à les laisser partir ? Là, il faut que je revienne sur les différences de comportement. Lola sortait énormément, elle n'était jamais là et c'était aussi bien parce qu'à la maison elle se montrait difficile à vivre. Lorsqu'elle était à la maison, je me sentais sous pression : elle parlait fort, faisait du bruit, mettait la musique à fond. De ce point de vue, quand elle sortait, je poussais un soupir de soulagement.

Roxane, ayant été très proche de moi, vit encore chez moi trois jours par semaine. Il m'est arrivé en son absence de me retrouver complètement seul. J'ai donc eu plus de mal à laisser partir ma seconde fille que la première. Tant que j'avais mes filles à la maison, je ne connaissais pas l'ennui. Maintenant, cela m'arrive parfois et c'est dur.

Je ne sais pas si mes filles m'idéalisent. Elles s'imaginent que je suis un intellectuel, que je sais tout sur tout. Elles me posent un tas de questions. Elles m'accordent certainement plus de valeur que je n'en ai. Ma fille cadette, Roxane, a une jolie petite frimousse. L'autre aussi est belle, mais pas de la même manière. Roxane s'est fait accoster une fois dans la rue par une femme qui lui a proposé de devenir mannequin. Elle devait avoir 18 ou 19 ans. Elle m'en a parlé. Je l'ai accompagnée à un rendez-vous. Cette femme lui a dit qu'il fallait qu'elle perde du poids. Je suis intervenu. J'ai expliqué à Roxane que ce n'était pas possible de se rendre malade pour faire carrière. C'était trop malsain. Et elle m'a écouté. Evidemment, quand on a un joli minois, on s'imagine qu'on va faire du cinéma. D'autant plus que son ami est acteur.

C'est mon rôle de père de protéger mes filles, d'assurer leur sécurité et de les prémunir contre de mauvaises rencontres. Un autre jour, Roxane m'a dit qu'elle avait rendez-vous avec un photographe dans un bistrot non loin de Montparnasse. Je suis resté l'attendre à l'extérieur. Elle devait avoir 16 ou 17 ans, il fallait que je veille. Ce type, en fait, lui proposait de venir chez lui pour faire des photos. Je lui avais conseillé de le prévenir que son père l'attendait dehors. Le photographe a brusquement changé d'avis. Elle a compris et cela lui a servi de leçon.

Un bon père, pour moi, est un père qui veille à la santé, à l'épanouissement de ses enfants, sans leur mettre une chape de plomb sur la tête, mais sans les laisser pour autant faire tout ce qu'ils veulent. Leur donner le maximum de présence, voilà qui est important. Je me reproche de ne pas l'avoir fait assez. Si j'avais été plus organisé, peut-être aurais-je pu leur consacrer plus de temps. Mais c'était vraiment difficile. J'ai quelques petits regrets. C'est le piège de la vie professionnelle.

Mon père était instituteur, puis il a changé de métier. Il est devenu administrateur, même si, dans son esprit, il est resté enseignant. C'était un brave homme, je ne lui en veux pas, mais il était épouvantablement élitiste. Il enseignait les maths, c'est pour cela que j'ai échoué dans ce domaine. Mon ex-femme était proviseur de lycée, elle l'est toujours. Ma sœur aussi est institutrice. J'en ai bouffé, de l'enseignement ! La psychopédagogie m'assomme. Ce n'est pas la vie, c'est le contraire de la vie. Je n'ai pas voulu reproduire ce modèle-là avec mes filles. Selon les psychologues et les psychanalystes, on reproduit le modèle familial. Je ne le crois pas. Moi, en tout cas, étant averti, j'ai voulu donner de la liberté à mes enfants. Je pense que cela, au moins, je ne l'ai pas trop mal réussi.

Jean-Claude Liaudet : « C'est le père qui propose le modèle de la relation homme-femme »

Dans son livre *Telle fille, quel père?*[1], le psychana-lyste Jean-Claude Liaudet s'est attaché à comprendre les pères qui ont du mal à se situer en tant que pères et les dégâts qu'ils provoquent chez leur fille. Selon lui, si certains hommes ne parviennent pas à être pères, c'est qu'ils sont restés sous le gouvernement de leur propre mère, n'ont jamais tout à fait renoncé à elle – souvent parce qu'ils ont eu un père faible, inca-pable de les en séparer.

Un homme qui ne parvient pas à être père se posi-tionnera comme l'enfant de sa femme. Il sera tenté de reporter son besoin d'affection sur sa fille et de l'enfermer dans cette relation.

Il va souvent reproduire avec sa fille la relation qu'il a entretenue avec sa mère et reporter sur sa fille une tendresse confuse. Ce qui ne signifie pas qu'il va coucher avec elle, mais il pourra l'appeler sans cesse « ma chérie » ou « mon amour », ou se montrer

---

1. Editions de l'Archipel, 2001.

jaloux, possessif, contrôlant ses relations, réactivant ainsi souvent chez elle un désir auquel elle allait s'apprêter à renoncer. En effet, pendant la phase de latence jusqu'à l'adolescence, la fille n'abandonne son investissement œdipien qu'en surface. Elle reste une amoureuse abandonnée, ne parvenant pas tout à fait à faire le deuil de son père. Elle risque alors de se prendre au jeu de son père et de ne jamais chercher à accéder, avec un autre homme, à sa propre féminité. En particulier, en cas de divorce des parents, si la fille vit avec son père, elle risque de s'attacher incestueusement à lui, à moins qu'il n'ait constitué un couple uni avec une autre partenaire.

La principale fonction du père, c'est de poser l'interdit de l'inceste. Il ne doit en aucun cas maintenir sa fille dans l'attente qu'elle a de lui, mais au contraire lui expliquer clairement : « Les enfants ne se marient pas avec leurs parents ; moi-même, je ne me suis jamais marié avec ma mère. » A l'adolescence, si tout va bien, le père perdra sa dimension idéale, deviendra un homme comme les autres.

« *Si le père peut bien sûr chercher à élever au mieux sa fille,* écrit Jean-Claude Liaudet, *il faut en même temps qu'il sache qu'il ne sera jamais à ses yeux un père parfait. Enfant, adolescente, puis adulte, sa fille trouvera encore et toujours que l'éducation qu'il lui a donnée est mauvaise. Le contraire serait d'ailleurs inquiétant : une fille trouvant que son père est parfait resterait soumise à ses vues, sans esprit personnel, sans autonomie ; elle resterait enfermée dans l'amour de son père*[1]. »

C'est surtout de l'attitude du père vis-à-vis de sa compagne que dépendent le devenir féminin de la fille, sa foi en sa capacité d'être aimée d'un homme et, de manière générale, la façon dont elle se considérera en tant que femme. A travers la relation qu'il entretient avec les femmes, le père propose un modèle de rapport entre les sexes qui va exercer sur sa fille une forte influence.

Si le père est infériorisé par sa femme, explique Jean-Claude Liaudet, sa fille aura deux solutions : soit s'identifier à sa mère toute-puissante et devenir une femme forte qui conservera son compagnon dans son giron ; soit s'identifier à son père, devenir opprimée et partir en guerre inconsciente contre les mères. Mais, dans ce cas, elle ne trouvera pas dans son père le soutien psychologique masculin susceptible de la valoriser.

Si, au contraire, le père est un « macho » qui méprise l'univers féminin, sa fille pourra, en s'identifiant à lui, réussir sa vie professionnelle et sociale, mais elle va rejeter sa propre féminité. C'est le cas aujourd'hui le plus courant. Nous en sommes à une phase d'émancipation des femmes, que Jean-Claude

---

1. *Telle fille, quel père ?*, éditions de l'Archipel, 2001.

Liaudet compare aux premiers temps de la décoloni-
sation : de même que les peuples libérés commencent
par s'identifier à leur ancien colonisateur en établis-
sant des dictatures politiques, l'émancipation de la
femme a commencé par une phase où la femme, au
lieu d'être elle-même, s'identifie à l'homme qui l'a
maintenue jadis en esclavage.

*« Sous le régime du patriarcat dont nous ne sommes
pas encore sortis (même si depuis deux siècles la condition
des femmes change progressivement), le féminin, plutôt
que dévalorisé, est ignoré. Et comme le patriarcat ne
connaît qu'un seul sexe, la femme est le minimum de
l'homme, un homme castré* [1]. »*

Le travail du père, c'est d'abord de rendre la mère
amoureuse de lui. De faire en sorte qu'elle désire un
enfant de lui, et non pour elle-même. De plus, s'il est
satisfait de sa relation avec sa compagne, s'il trouve sa
jouissance ailleurs qu'avec sa fille, celle-ci pourra
éprouver le désir de sortir du cercle familial, plutôt
que de rester figée dans l'attente inconsciente de
devenir un jour la femme de son père. Elle pourra ainsi
acquérir un espace psychique propre et s'ouvrir au
monde. Elle va, dit Jean-Claude Liaudet, s'humaniser.
L'interdit de l'inceste permet à l'enfant de devenir

---

1. *Ibid.*

un être différencié, et non un simple clone de ses parents.

« Ce que peut apporter un père à sa fille, c'est le renoncement à une toute-puissance narcissique ; accepter de ne pas être tout, mais seulement d'un sexe ou d'un autre. C'est à ce prix qu'on accède à la possibilité de jouir des différences, à commencer par celle de la différence sexuelle[1]. »

Jean-Claude Liaudet explique ce qu'est en réalité cette castration dont les psychanalystes nous rebattent les oreilles. Il s'agit tout simplement pour la fille d'accepter la réalité de son sexe. De comprendre qu'elle n'est pas garçon et fille à la fois, mais « seulement » une fille. Plus globalement, on utilise le terme de castration pour toutes les situations où l'on est privé d'une puissance. Beaucoup de petites filles refusent longtemps, et parfois pour toujours, l'idée de ne pas être un garçon. Elles entrent alors en rivalité avec le genre masculin et, en particulier, avec leur père.

Par ailleurs, de même que le garçon doit vaincre son angoisse de castration, la fille doit vaincre l'angoisse de la pénétration. C'est un amant qui plus tard va la révéler à elle-même, lui faire prendre conscience pour la première fois de son vagin. C'est

---

1. *Ibid.*

cette expérience qui fait d'elle une femme. L'amour pour le père fera désormais partie du passé.

Pour résumer, un bon père, selon Jean-Claude Liaudet, sera tourné non vers sa fille, mais d'abord vers sa compagne. Ce qu'il peut offrir de mieux à sa fille ? La force de rompre avec sa famille et de s'individualiser.

Jackie et son père

Jackie :
« Mon père m'a appris l'amour »

Jackie est peintre. Très féminine, à l'approche de la cinquantaine elle a encore des allures d'éternelle adolescente. Elle habite un vaste appartement luxueux et chaleureux dans la région parisienne.

Ses parents ont divorcé quand elle avait 8 ans. Son père est mort. Il travaillait dans la publicité. On la sent heureuse de parler de lui, de le ressusciter le temps d'une interview. Elle est intarissable. D'ailleurs, elle a fait de sa vie une œuvre : elle lui a consacré un tableau.

Son père n'est plus là pour nous livrer le contrepoint de son témoignage, mais elle a tant travaillé sur elle-même, décortiqué et compris les mécanismes de leurs relations, qu'il surgit comme en relief de son discours et que l'on croit parfois l'entendre. Au positif, il lui a donné féminité, optimisme et joie de vivre. Au négatif, lui vivant, jamais, de son propre aveu, elle n'aurait pu se marier. Tant qu'il était là, elle n'en éprouvait aucun besoin.

Elle m'a téléphoné peu après son interview pour me demander, à cause de son frère, de ne pas citer son nom.

Ce sont les pères qui donnent la féminité aux filles. Le père, pour moi, c'est une rampe de lancement. Le mien m'a donné féminité et énergie. Papa aimait les femmes. Il trouvait que les femmes étaient bien meilleures que les hommes, plus courageuses, plus fidèles, que leur monde était merveilleux. Il était entouré de femmes et assez mal à l'aise avec les hommes. Il ne comprenait pas bien l'univers masculin. Et il n'incarnait aucune valeur masculine, surtout à son époque. Il n'était pas du tout dans la course à l'argent, ni aux honneurs, ni au pouvoir, mais dans le plaisir de vivre, dans la générosité, dans le don. Même avec ses fils, il était assez mal à l'aise. Il a eu deux garçons. Et il n'a pas fait avec ses garçons ce qu'il a fait avec moi.

Pour lui, j'étais tout. J'étais sa petite fille et j'étais toutes les femmes. Nous n'avons jamais eu une relation classique père-fille. Il n'avait pas beaucoup d'autorité. Il était très enfantin, assez irresponsable. Si papa touchait de l'argent, il le dépensait dans la journée. Il n'avait plus rien le lendemain, mais ce n'était pas grave. Il adorait ma mère, il l'aimait vraiment, mais il la trompait tout le temps. Pour lui, ce n'était pas grave non plus !

Il venait d'une famille qui vivait dans des roulottes, des tziganes d'Europe de l'Est. Ce sont des gens du voyage qui ont du mal à tenir en place et qui possèdent une autre conception de la vie. La mère de mon père s'est sédentarisée lorsqu'elle avait 18 ans. Maman, c'est le contraire, elle vient d'une famille très bourgeoise avec le sens des valeurs : la famille, les traditions, le respect de l'argent, de l'Eglise, la peur du qu'en-dira-t-on. Tout ce que papa ne connaissait pas. Pour une petite fille, il avait un charme fou.

Je ne voyais que ses bons côtés. Il ne m'a jamais traitée comme une enfant, mais toujours comme une femme. Je faisais partie de sa vie. Comme il avait une existence un peu bohème, il m'emmenait partout avec lui. Quand j'étais petite, je devais avoir 5-6 ans, je me couchais avec mon frère à l'heure où les enfants vont au lit, puis, une fois que tout le monde dormait, il me réveillait, me faisait mettre ma plus belle robe, et nous sortions. Je connais tous les bars à huîtres de la rive droite. Il adorait les huîtres. On me mettait trois bottins sous les fesses et il commandait pour sa fille les meilleures huîtres et des éclairs au chocolat géants. J'avais déjà mangé, je remangeais, et il me racontait sa vie, ses voyages, sa grand-mère, une vraie romanichelle... Puis on rentrait en tenant nos chaussures à la main.

Quand on a un père comme celui-là, les hommes que l'on rencontre plus tard, il faut qu'ils soient aussi drôles, aussi charmants, et qu'ils vous traitent comme une princesse. Pendant longtemps, j'ai eu l'impression d'être une princesse. Comme d'autres ont une assurance sur la vie, j'avais une assurance de séduction. Je pensais que tous les hommes devaient être amoureux de moi. Tout cela me paraissait absolument normal. J'ai compris assez tard que la vie n'est pas faite ainsi. Mon père m'a donné une force incommensurable. Je ne doutais jamais de moi. Il regardait mes carnets de notes et, quand ils n'étaient pas bons, il me disait : « Ce n'est pas grave car le trimestre prochain, tu vas être première. » C'était comme une évidence. Il me disait : « C'est la vie, tu dois être fatiguée, ou ton prof n'a pas su t'intéresser. »

De plus, cet homme était beau, plutôt dans le genre Yves Montand que Robert Redford. Il avait un grand nez, une grande bouche. Toutes les femmes tombaient folles amoureuses de lui. Quand un père comme cela vous aime plus que toutes les autres, vous vous dites : « Bon, ça va, je n'ai pas à m'inquiéter ! » Et cela m'a un peu coupée de la réalité.

J'ai dû faire un travail sur moi, j'en ai ressenti le besoin. Comment vous dire ? Je ne voyais pas les gens. Je trouvais si absolument normal que tout le monde m'aime que je ne faisais pas beaucoup attention aux autres. J'étais égocentrique avec une sorte d'assurance tranquille, que j'ai gardée. Il n'y a pas grand-chose qui me fasse peur dans la vie.

Dès que mon père gagnait de l'argent, il le dépensait. Un jour, il avait loué un étage des Galeries Lafayette, après la fermeture, uniquement pour moi.

Pendant une heure et demie, j'ai pu acheter tout ce que je voulais. Il était assis dans un fauteuil et disait : « Cette robe te va (ou ne te va pas). » J'avais 13-14 ans, j'étais la reine du monde. Il m'apprenait à me coiffer, à m'habiller, à plaire aux hommes. A être une femme. Il aimait tellement la féminité! Un père comme cela, pour une fille, c'est un cadeau du ciel.

Il faut vous dire que, petite, je n'étais pas du tout une enfant jolie. J'étais très ingrate. Dans ses yeux, j'étais la plus belle. J'avais les dents en avant et, comme nous n'avions pas d'argent, je ne pouvais pas m'arranger. Maman m'achetait toujours des manteaux trop grands. Elle déteste que je dise cela, mais c'est la vérité, elle les choisissait quatre tailles au-dessus, comme cela, le manteau durait cinq ans. J'en souffrais parce que je n'étais pas comme les autres petites filles qui portaient des vêtements à leur taille. Pendant l'adolescence, j'étais monstrueuse, moche physiquement. Dans ma période la plus ingrate, de 15 à 17 ans, j'avais les cheveux gras et des boutons. J'en ai été momentanément déstabilisée, mais, grâce à lui, je suis passée au travers.

Ses mauvais côtés? Lorsqu'on partait dans ces virées nocturnes, je mangeais mes huîtres, il me faisait goûter un peu de vin blanc, puis il y avait une serveuse ravissante, qu'il embarquait et raccompagnait à l'autre bout de Paris; il montait chez elle, la sautait tandis que j'attendais dans la voiture. A 4 heures du matin, je dormais sur la banquette arrière. Quand il rentrait, il disait : « Oh ! » Il m'avait complètement oubliée.

Pour une épouse, il était invivable. Maman ne voyait que ses côtés négatifs. Elle a vécu avec lui des choses terrifiantes : les huissiers venaient souvent à la maison à cause de problèmes d'argent. Il la trompait sans cesse et elle le savait. Et pourtant, jusqu'à la fin de sa vie, il l'a adorée. La vie était impossible avec lui. Il jouait, il sortait. S'il voyait dans la rue un homme qui n'avait pas d'argent, il lui donnait tout ce qu'il possédait. Il n'avait aucune notion de l'argent. Maman pleurait, elle était malheureuse. J'étais partagée entre eux deux.

Autre problème : il était instable, volage. Il partait du jour au lendemain, puis il revenait et repartait. Le week-end, quand nous avions prévu de le voir, maman nous préparait et nous pouvions passer la journée entière à attendre, mon frère et moi. Il y avait un petit banc dans l'entrée et nous attendions – moi, avec mes grandes nattes et ma belle robe. Il ne venait pas. Dans ces moments-là, je le détestais. Maman ne disait rien parce qu'elle avait un côté stoïque et bien élevé, mais je sentais qu'elle lui en voulait à mort. Je lui en voulais à mort moi aussi, et mon petit frère était triste, et nous enlevions nos habits.

Papa m'a pourtant donné la joie de vivre. Il était toujours heureux. Pour lui, rien n'était compliqué.

Quand vous êtes avec un père en contact avec la vie, le plaisir, la chance, l'existence devient magique. Vous vous dites que c'est une énorme tartine de chocolat à déguster jusqu'à la fin de vos jours. Jamais je ne pense : « Je ne vais pas y arriver. » J'essaye, après je vois si je sais faire ou pas. Mais j'y vais. J'ai vécu dans l'imaginaire pendant longtemps.

C'est sans doute de lui que je tiens l'idée que tout est possible. Je n'ai jamais fait de plan de carrière, lui non plus. Il gagnait beaucoup d'argent mais il ne le gardait pas et, comme il était instable, il changeait de boîte tout le temps. Il arrivait à la maison en disant : « Je suis parti parce que je ne supporte plus le patron. Il m'a mal parlé. » Et maman répliquait : « Mais qu'est-ce que tu vas faire ? – Je trouverai un autre boulot. » C'est ce qu'il faisait.

Il avait une sorte de tranquille insouciance. A chaque fois, il retombait sur ses pieds, je n'ai jamais eu peur. Je suis un peu comme lui. Je ne vérifie jamais mes relevés de compte. Je sais qu'en gros ça va, mais je ne fais absolument pas attention. Mais si je ne suis pas dans le rouge, si je paye mes impôts, si je suis en règle avec l'argent, cela me vient de maman.

C'était un éternel adolescent. Quand il est mort, mon frère et moi avons ouvert son armoire, et une avalanche d'impayés nous est tombée sur la tête. Il n'ouvrait jamais les factures, il y était allergique, il ne pouvait pas. Il ne s'en occupait pas du tout et recevait des rappels et encore des rappels.

Un père comme ça vous ouvre une grande fenêtre sur la vie. Papa, toute petite, m'a dit : « Ne te laisse jamais culpabiliser. Jamais, jamais. Bien sûr, tu vas faire des erreurs, il faut que tu en fasses, tu vas apprendre avec tes erreurs. Reconnais-les, mais ne prends pas les erreurs des autres à ta charge et ne fais jamais des choses parce que tu te sens coupable. Jamais. » Il me répétait cela tellement souvent! Ce n'était pas clair pour une petite fille, le mot « culpabilité ». J'ai fini par comprendre ce qu'il voulait dire, et c'est une force. Grâce à lui, mon enfance s'est prolongée très longtemps, mais il ne m'a pas fait entrer dans l'âge adulte. C'est plutôt maman qui m'a donné le sens des responsabilités.

Mon père, lui, m'a appris l'amour. Vraiment. Cette chose magique, je la tiens de lui. Il a influencé mes relations avec les hommes. C'était terrifiant car je tombais amoureuse de tous ceux qui lui ressemblaient. Cette espèce de tranquille assurance me fascinait. C'est ce que je trouve de plus sexy.

Les hommes trop prévisibles m'ennuyaient. S'ils étaient trop présents, ou trop gentils, pour moi ce n'étaient pas des hommes. Je ne restais pas. Il fallait qu'ils soient fantasques, plutôt infidèles. Papa ne m'a pas appris la norme. Un jour, j'avais 20 ans, je suis allée chercher à l'aéroport un copain qui avait fait ses études aux Etats-Unis. Il devait avoir deux ou trois ans de plus que moi. Coup de foudre à l'aéroport. Je suis repartie tout de suite avec lui. Nous avons fait le tour de l'Europe. Je fais confiance aux gens. Et je fais confiance à la vie. Je dois être un peu protégée parce que je me suis retrouvée dans des situations de galère, mais je m'en suis toujours sortie. Papa était mon repère idéal. Il prenait invariablement mon parti, je ne pouvais pas me remettre en question avec lui. J'avais toujours raison. Et les hommes n'étaient jamais assez bien pour moi.

Il fallait que je trouve le même modèle que lui : un homme charismatique, infidèle et charmant. Et puis, il avait ce qu'il est très difficile de trouver chez les hommes : un regard. Un vrai. Même quand il n'était pas là, il était là, à l'intérieur de moi. Ce regard, je l'avais intériorisé. Quelqu'un qui vous regarde tout le temps et vous aime, quoi que vous fassiez, c'est une Rolls-Royce ! Quand on vous regarde, vous prenez dix centimètres, vous brillez, les gens se retournent sur vous dans la rue, vous avez dix mille idées. A l'inverse, les bébés qui ne sont ni caressés, ni touchés ne se développent pas.

J'ai beaucoup de mal à fonctionner sans un homme qui me regarde. J'ai appris à le faire, mais cela a été un dur apprentissage. C'est rare cette qualité d'attention, quelqu'un qui vous dit sans arrêt : « Tu peux le faire, vas-y. » J'ai rencontré un homme qui avait ce même regard, un seul dans toute ma vie. Et sur le moment, je n'ai pas su le voir parce que papa était encore vivant. Il faisait doublon avec lui, donc il a fini par passer à la trappe. C'est après coup que j'en ai pris conscience. Cet homme formidable, j'ai vécu avec lui dix ans. J'avais à peu près 24 ans quand je l'ai rencontré. Je ne voulais pas écrire et je m'en faisais un monde. C'est lui qui m'y a encouragée. Nous nous sommes séparés l'année même où papa est tombé malade. Il m'a quittée parce que je n'étais jamais là et que je le trompais tout le temps. Je reproduisais le même schéma que celui de mon père. La séduction, je l'avais apprise avec lui.

Avec mon père, nous formions une équipe. C'était pour moi un compagnon. Tant qu'il faisait partie de ma vie, j'étais protégée – pas par l'argent, ni par le pouvoir –, par l'amour. Quand il est mort, j'avais 35 ans, lui 62. C'est un cancer du poumon qui l'a emporté. Il avait des métastases. Le médecin m'a dit qu'il en avait pour trois mois. Sa maladie a duré un an et demi. Il est resté tout ce temps à l'hôpital.

Quand il est tombé malade, cette espèce de bulle de champagne a éclaté. J'ai vu un homme malade, diminué, qui tout à coup se mettait à réfléchir. Jusque-là, papa ne faisait aucune introspection ; la vie pour lui commençait le matin et se finissait le soir.

Ce qu'il a fait, je trouve que tous les parents devraient le faire. Il m'a dit : « Maintenant, pose-moi toutes les questions que tu veux me poser. Et je vais répondre à tout honnêtement. » Nous avons rembobiné notre vie en commun. Cela m'a rendu ma personnalité, je me suis détachée de lui. J'ai pu lui dire : « Là, ce n'est pas bien ce que tu as fait. » Il avait essayé de coucher avec la sœur de ma mère. Je lui ai demandé pourquoi. Il m'a avoué : « Tu as raison, c'est nul. » J'ai pu laisser ressortir toutes mes colères de petite fille. Je lui racontais tout ce que je n'avais pas compris. Par exemple, après le divorce, je suis souvent partie en vacances avec papa et, s'il avait deux maîtresses à la fois, il les emmenait toutes les deux avec leurs enfants. Il louait un grand appartement, une pièce pour chaque dame, des chambres pour les enfants, et lui était au milieu, tranquille dans la sienne. Je n'avais pas beaucoup d'exemples analogues autour de moi. Nous en avons beaucoup parlé. A l'époque, il ne s'était pas rendu compte que cela pouvait me choquer. Papa s'est marié deux fois. A son enterrement, toutes ses fiancées étaient là. Toutes, même sa première, quand il avait 17 ans. Donc il laissait un bon souvenir quand même.

J'ai pu comprendre qu'il n'était pas infaillible. Même sa manière de mourir a été magnifique. A part les trois dernières semaines où il a été vraiment mal, c'était tellement gai ! J'allais le voir à l'hôpital à peu près tous les jours. Soit je dînais avec lui – à l'époque, je n'avais pas d'enfant –, soit je passais après le dîner et nous parlions pendant des heures. Chacun a repris sa place. Nous nous sommes séparés. C'est formidable de dire à ses enfants : « Je n'ai pas été parfait, je n'ai pas été un bon père, je n'ai pas été un bon mari, mais qu'est-ce que je t'ai aimée ! » Et je savais qu'il m'avait aimée. J'en étais sûre.

La période d'hôpital a été pour moi libératrice. Quand papa est mort, j'ai été terriblement triste et, en même temps, je me suis dit : « Ma vie à moi va commencer. » A sa mort, j'ai trouvé un mari. Je ne pouvais pas me marier tant qu'il était là, c'était impossible. Je ne pouvais pas non plus faire d'enfant. C'était comme si j'étais déjà mariée. Il était mon alter ego.

J'ai épousé mon mari parce que je le trouvais beau. C'était mon père, version rassurante. Il m'offrait toute la sécurité que papa ne m'avait jamais donnée. Je lui ai fait deux beaux enfants, nous avions une belle maison, il possédait énormément d'argent, tout se passait bien. Je me disais que c'était l'homme idéal. Sauf qu'il ne me regardait pas. Il ne savait pas ce que je faisais et cela ne l'intéressait pas. Un jour, il est parti travailler à New York et je suis allée le rejoindre là-bas. Il m'a demandé de lui apporter les cent premières pages de mon manuscrit. Je les ai posées sur son bureau. Au bout de trois semaines, il n'avait toujours pas lu une ligne. Ce jour-là, je me suis dit : « Je vais partir. » Pour moi, être seule, c'est être avec quelqu'un qui ne me regarde pas.

Maman disait sans cesse que j'étais nulle, moche, que je n'aurais jamais de succès, que puisque j'étais une femme, ce n'était pas intéressant que je fasse des études. Maman n'a jamais acheté un de mes tableaux. Elle s'est vaguement intéressée à moi lorsque je me suis mariée parce que j'ai épousé une icône à la Gregory Peck, un fantasme ambulant pour toutes les femmes. Elle s'est branchée sur le fantasme, et pas tellement sur moi. Si je n'avais pas eu à l'intérieur de moi le contrepoids de mon père qui m'affirmait le contraire, j'aurais été mal.

Toutes les filles aimées par leur père sont belles. C'est une manière de se tenir, d'être, une certaine idée de soi, une colonne vertébrale que donne l'amour. J'ai une fille et je fais avec elle ce qu'a fait mon père. Je suis sincère. Je trouve qu'elle est belle, intelligente, fine, et je le lui dis. Hier soir, nous avons dîné toutes les deux toutes seules, elle m'a dit : « Maman, c'est un rêve, une mère comme toi. Tu me donnes de l'assurance tout le temps. Grâce à toi j'ai l'impression d'avoir beaucoup de force. »

Francoise Hurstel :
« La fonction du père est une fonction de pacificateur »

Françoise Hurstel a 60 ans. Elle est professeur de psychologie clinique à l'université Louis-Pasteur de Strasbourg. Elle a créé un laboratoire de recherche sur la famille et la filiation et travaillé en particulier sur la « déchirure paternelle [1] ».

Qu'est-ce qui, selon vous, a le plus changé aujourd'hui dans les relations père-fille ?

Les pères sont aujourd'hui souvent beaucoup plus proches de leurs enfants et en particulier de leur fille.

Pourriez-vous préciser ?

Aujourd'hui, quand un homme a une fille, il se réjouit, il le souhaite. Une grande majorité d'hommes aime avoir des filles. C'est une grosse différence avec autrefois. Les pères n'attendent plus un garçon puisqu'il n'y a plus de transmission de nom ni de

---

1. *La Déchirure paternelle*, PUF, 1996.

patrimoine. Ils envisagent désormais de manière positive le lien avec leur fille, ce qui n'était pas le cas auparavant.

Comment cette proximité nouvelle se manifeste-t-elle ?

Par exemple, les pères s'occupent de leurs filles physiquement, leur donnent le bain, les habillent, font ce que font les mères. Auparavant, il n'y avait pas de contacts du tout entre le père et la fille, lorsqu'elle était petite ou bébé. Les parents partagent aujourd'hui ce rapport au corps.

Est-ce toujours positif ?

Non, pas toujours, car on retrouve ce qu'Aldo Naouri appelle le climat incestueux propre aux mères. Si les pères font comme les mères – et c'est ce que l'on a appelé les nouveaux pères –, l'interdit de l'inceste est mis en danger. Ses limites sont devenues fragiles entre père et fille, mêmes si elles ne sont pas dépassées. Comme les familles ne sont pas stables, que la collectivité n'a plus pour rôle de maintenir les règles, le sujet est laissé à l'individualisme de chacun.

Vous parlez d'inceste réel ou d'inceste émotionnel et psychique ?

Je parle du fait que les limites, surtout sur le plan psychologique, sont devenues élastiques. Et souvent, par voie de conséquence, la fille reste fixée, accrochée à son père. Les filles sont aujourd'hui plus proches de leur père et, du coup, elles ont plus de mal à s'en détacher.

Quelles conséquences cela peut-il avoir sur elle ?

Je ne pense pas que cela ait des conséquences psychopathologiques, à condition que, dans la tête du père, soient bien clairs la question de la différence des générations et le fait que la fille est destinée à un autre homme.

Est-ce ce problème que les filles rencontrent le plus souvent aujourd'hui avec leur père ?

Oui, c'est ce que j'entends souvent en consultation. Lorsque les filles deviennent adolescentes, elles ont souvent du mal à ne plus être pour leur père le plus bel objet de désir. Même si elles ont un ami fixe. Je pense à des jeunes filles de 19-20 ans qui viennent me voir : le père reste leur référence. Ce sont des cas de névrose ordinaire, pas des cas gravissimes, ni des personnes psychotiques ou perverses.

Comment cela se traduit-il ?

Par exemple, si le père divorce, cela se traduit par une grande rivalité avec sa deuxième femme, qui n'est souvent qu'une concubine, plus jeune que la mère, donc plus proche de la fille du point de vue de l'âge. Cette alliance est vécue par la fille comme une trahison. Même quand elle n'en laisse rien paraître dans la vie courante, elle le dit en analyse. Les filles reprochent souvent à leur père de les avoir abandonnées au profit d'une autre femme.

Quand la fille se sent-elle abandonnée?

Quand les choses n'ont pas été dites clairement. Si le père est parti un peu en douce parce qu'il se sentait coupable. S'il a eu une maîtresse pendant un temps, avant de divorcer. C'est déjà difficile pour une petite fille d'accepter que le père aime la mère dans une élaboration normale de sa féminité. C'est encore plus difficile, et presque incompréhensible, d'accepter que ce père en aime une autre, plus proche d'elle qui plus est du point de vue de l'âge.

Quelles conséquences cela peut-il avoir sur la fille?

Il en résulte une difficulté chez certaines filles à développer des relations avec un homme qui ne soient pas sur le modèle paternel. Comme une tentative de récupérer son père. Elles attendent de l'homme qu'il soit le protecteur, un père idéal qu'elles ont perdu. Rien à voir avec le père réel qui, lui, est fort critiqué.

En quoi est-ce un problème?

Le problème – et c'est peut-être la raison principale pour laquelle ces filles viennent en analyse –, c'est qu'elles ont beaucoup de difficultés sexuelles. Elles tombent amoureuses d'hommes avec lesquels, au lit, cela ne marche pas bien du tout.

Parce que c'est comme si elles faisaient l'amour avec leur père?

C'est une explication trop simplette. Il y a un clivage qui est en train de se généraliser chez les femmes entre le sexe et l'affection. Entre la conjugalité et la sexualité. Elles éprouvent de plus en plus souvent pour leur compagnon un amour désexualisé. Si l'on choisit un homme sur le modèle du père, à cause de l'interdit de l'inceste, la difficulté surgit du côté du sexe. On ne peut unir cette image paternelle et protectrice avec la jouissance sexuelle.

Est-ce vraiment plus facile pour une fille de renoncer à l'amour pour son père si c'est au profit de sa mère?

Oui, c'est ce que j'appelle passer par les fourches caudines de l'œdipe. Dans le rapport mère-fille, il y a, il ne faut pas l'oublier, de la haine autant que de l'amour. La haine étant d'ailleurs recouverte par l'amour. L'ambivalence est la donnée de base de tous les sentiments.

Peut-on dire qu'avec la « rivale », il ne reste souvent que la haine?

Dans le cas d'une deuxième femme qui se présente vraiment comme une rivale avec ce sentiment de trahison, la mère sera aimée absolument, totalement, et la rivale, regardée de travers, quand ce n'est pas haïe.

Ce qui a beaucoup changé également dans les relations entre pères et filles, c'est la question de l'autorité...
La question de l'autorité découle en effet de cette nouvelle proximité.

Est-ce important pour un père d'avoir de l'autorité sur sa fille, et pourquoi?
Oui, c'est important mais qu'est-ce qu'« avoir de l'autorité »? Là est la vraie question.

Qu'est-ce, selon vous?
L'autorité n'étant ni le pouvoir ni l'autoritarisme, la question de l'autorité pour un homme trouve d'abord ses racines dans la conscience d'être un père, et pas un copain, un égal, voire un mari, ou un amant, ou quelqu'un capable d'utiliser sa fille comme objet de jouissance. L'autorité trouve ses fondements dans la place générationnelle et généalogique. On est père ou l'on est incapable de l'être. Avoir de l'autorité, c'est être conscient de la barrière de la différence générationnelle. Cela se manifestera par la mise en place de limites à l'intérieur même de cette grande affection, de cette nouvelle proximité que les pères éprouvent envers leur fille. La notion de limites pour

un père est importante. Les vrais pères sont conscients qu'ils ne peuvent pas tout laisser faire à leur fille.

Comment discerner ce qu'il est possible ou non de laisser faire à sa fille?

L'autorité consiste à mettre des limites. Elle a pour but d'éduquer, mot qui vient du latin *educare*, faire sortir de l'enfance pour amener à la capacité de vivre en société, d'être adapté et de réussir à l'école, voire d'avoir un métier, et aussi – mais cela, les pères ne le savent en général pas, quand ils exercent leur autorité – d'apprendre à contenir ses pulsions. Les parents sont souvent très effrayés devant la force extraordinaire de la violence pulsionnelle des petites filles. Ils ne savent pas ce qu'est cette violence. Ils disent : « Elle est violente, elle est exigeante. On ne peut pas la faire s'habiller, on ne peut pas la faire petit-déjeuner le matin alors que l'on doit partir travailler à 8 heures, on est toujours en retard, elle est insupportable... » Ce n'est pas facile. Des parents viennent me consulter pour me demander comment faire. Ils sont débordés par l'énergie vitale de leur enfant. Elle veut tout et elle veut encore, elle veut encore plus ; elle a un jouet et elle en veut un deuxième, et puis un troisième, et puis un quatrième, et elle sait très bien ce qu'elle veut. Elle les mène par le bout du nez.

L'autorité, pensez-vous que ce soit principalement le rôle du père?

Normalement non, plus maintenant, dans la mesure où les pères et les mères ont maintenant des relations au quotidien avec l'enfant qui sont des relations de proximité, de jeux et de paroles. Dans la réalité, les mères demandent aux pères d'intervenir parce que, souvent, ils le font naturellement moins. Les mères font appel aux pères sur le mode : « Je n'en peux plus. » Ces pères sont terriblement conscients qu'ils ont à intervenir. Et quand ils sont là, ils le font.

Y a-t-il des points sur lesquels un père ne doit jamais céder avec sa fille?

Françoise Dolto disait qu'à partir de 6 ans on ne prend plus les enfants sur les genoux et on arrête de leur faire des papouilles. Père comme mère, mais le père tout particulièrement, n'a plus à toucher le corps de sa fille. Le corps de la fille lui appartient. Dans le cas de la relation père-fille, c'est important pour que la fille puisse développer sans crainte sa libido, que le père ne joue pas les agaceurs, ou les séducteurs en touchant son corps sous des prétextes les plus futiles, du genre « Mais elle est tellement mignonne », ce que l'on fait malheureusement souvent aux enfants aujourd'hui. Certains pères ne tiennent plus leur place généalogique à ce moment-là. Ils sont devenus les amants de leur fille. Ce n'est pas vrai sur le plan du passage à l'acte, mais c'est vrai si on y regarde de plus près.

Sur le plan émotionnel?

Sur le plan émotionnel, ils s'emparent du corps de leur fille. Tout en jouant les pères prudes et vertueux, ils la touchent dans tous les sens. C'est très intéressant ce que dit Dolto à ce propos, elle est radicale, elle dit qu'il faut arrêter le corps à corps, sinon ce corps n'appartiendra jamais à l'enfant, il sera toujours une partie des parents, voire en possession des parents. A partir de 5-6-7 ans, il faut arrêter.

Même de faire des câlins?

Tout va dépendre de la conscience ou de l'inconscience de cette place généalogique, du respect que le père a de l'enfant. Lorsqu'on dit « L'enfant est une personne », beaucoup ont compris : « Il faut qu'il s'exprime, qu'il parle » et on ne sait plus où mettre les limites. Le véritable respect de la petite fille, c'est le respect de son corps, le respect de sa place, le respect de son avenir. La respecter, ce n'est pas ne pas lui faire de câlins, ce n'est pas ne pas la prendre dans les bras si elle le demande quand elle pleure. C'est ne pas l'utiliser comme un objet et la respecter comme un être à part entière. C'est cela que Dolto voulait dire. Pas la laisser faire et exprimer n'importe quoi. Je me souviens d'une consultation avec deux parents venus me demander conseil. Leur petite fille de 4 ans était insupportable, agressait les autres, emmerdait ses parents. Ils n'en pouvaient plus. La maman m'a confié : « Je connais Dolto par cœur. Dolto dit qu'il faut laisser parler les enfants, les laisser s'exprimer, l'enfant est une personne. » Et j'ai vu les ravages que cela avait faits. Je lui ai répondu en riant : « Et votre mari, a-t-il le droit de dire quelque chose en dehors de Dolto ? » Le mari – un type très bien – a dit : « J'essaye. » Au père qui disait : « Ça suffit, ras-le-bol de cette manière de se conduire ! », la mère répliquait : « Dolto a dit... » Dolto, c'est très fort comme tiers entre la mère et l'enfant. Or les spécialistes ne sont pas les parents. J'ai conseillé à la mère d'arrêter de lire Dolto et d'appliquer des recettes comme un cataplasme sans les avoir comprises. C'est la parole du père, en l'occurrence, qu'elle devait interpeller.

Y a-t-il d'autres points sur lesquels, selon vous, il ne faut jamais céder vis-à-vis d'une adolescente ?

Oui, à l'adolescence, la fonction du père est paradoxale. C'est à ce moment-là de la vie de sa fille que va s'inscrire la différence des sexes, la distinction masculin-féminin. A l'adolescence, la petite fille ne sait pas encore très bien si elle est une fille ou un garçon. C'est là que ça va se jouer. Le père est celui dans les yeux duquel la fille cherche à lire qu'elle est une femme. Elle est en train de devenir une femme, mais elle ne sait pas ce qu'est une femme, et le modèle de sa mère ne lui suffit pas. Elle doit donc se guider dans les yeux de l'autre sexe. Dans les yeux du père, la fille doit lire qu'elle est séduisante car ce regard la consacre en tant que femme, et, en même temps, elle doit lire le respect absolu de ce père pour elle et l'interdit absolu de l'approcher. La fille ne peut devenir femme qu'à cette condition : si elle lit dans les yeux d'un père, de celui qui fait fonction de père pour elle : « Tu es une femme, tu es belle, tu es séduisante, mais en même temps tu n'es pas pour moi. » C'est dans ce paradoxe qu'elle va pouvoir aller ailleurs, s'assumer comme femme hors de la famille, dans le rapport à un autre qui n'est pas le père ou le frère. C'est une des fonctions fondamentales du père vis-à-vis de la fille.

Quelle est l'erreur la plus fréquemment commise par les pères à ce moment-là de la vie de leur fille?

Ces pères qui disent par exemple à leur fille : « Enlève cette cochonnerie que tu as sur les lèvres », lorsqu'elle met pour la première fois du rouge à lèvres ou du mascara. C'est une erreur non seulement pédagogique, mais psychologique. C'est destructeur. La fille ne comprend pas. Si le père dit cela, c'est qu'il est jaloux. Pour qui sa fille se fait-elle belle ? Ce n'est pas pour lui, il le sait bien. Il lui interdit donc d'être belle pour les autres, et le paradoxe tombe. Et la fille ne sait même plus si elle est femme aux yeux du père. Elle s'en doute, mais sur un mode pervers puisqu'il l'empêche d'aller vers l'autre, de se faire belle, de sortir le soir. D'où les incessants tracas des pères autour de cette question : « A quel âge je peux laisser sortir ma fille ? »

Comment répondre à cette question ?

D'abord cela mériterait une analyse de la question : « Qu'est-ce que cela vous fait que votre fille sorte ? Que craignez-vous pour elle ? » L'ambivalence jalouse : « Laisser ma fille à un autre, oh là là ! », on la retrouve chez tous les pères. Les pères sont rarement contents de marier leur fille. Sauf s'ils ont envie de s'en débarrasser. Ce qui est encore un autre problème.

Quelle est la conséquence pour une fille d'un père sans autorité ?

L'autorité étant la conscience de sa place généalogique, le père n'a pas besoin d'être sévère. Si la fille a confiance en son père, si elle sait qu'il restera à sa place, elle écoutera ce qu'il dit.

Un père qui n'a pas d'autorité au sens où on l'entend habituellement, est-ce simplement qu'il ne maintient pas sa place de père ?

Non, car il faut tenir compte aussi d'une caractéristique de l'adolescence : le conflit. L'adolescente a besoin de provoquer le père, de se heurter à ce mur. Elle a besoin d'interdits et de pouvoir les transgresser. Je travaille sur le psychique, pas sur l'éducatif. A un père qui lui dit : « Range ta chambre », une adolescente « normale » répondra : « Fiche-moi la paix, je n'ai pas envie de la ranger maintenant », ou même plus poliment : « Je n'ai pas envie de la ranger, pourquoi cela te gêne-t-il qu'elle soit en désordre ? »

Et avant l'adolescence, lorsqu'elle n'est encore qu'une enfant ?

Une crise d'opposition très forte préfigure l'adolescence, elle se situe vers 4 ans. Si vous avez des enfants ou que vous en avez vu de près, vous saurez que les petites filles et les petits garçons de 3-4 ans sont tout le temps en train de dire « non ». Cela ne signifie pas pour autant que leur père n'est pas à sa place généalogique. Cela signifie que cette petite fille s'exerce à être une personne et un sujet indépendant, en provoquant tout et tout le monde. Sauf les maîtresses, qui sont très respectées.

Mais sur le plan de l'autorité, l'éducatif ne peut-il pas être la conséquence du psychologique ?

Parce que leur père tient sa place généalogique, les petites filles seraient sages et angéliques ? Je ne le crois pas. Désobéir, cela fait partie de l'affirmation des enfants. Les enfants désobéissent simplement pour pouvoir s'affirmer face à leurs parents. Et pour voir surtout comment ceux-ci vont réagir. Il faut se poser la question : « Que veut un enfant quand il désobéit ? » Même s'il désobéit tous les jours, cela ne signifie pas forcément que ses parents ne tiennent pas leur place généalogique, cela peut signifier que l'enfant est dans cette période de sa vie où il a besoin que l'autre soit résistant. Il a besoin de voir si l'autre tient debout ou s'il est un caoutchouc dans lequel il peut rentrer. Ce n'est pas seulement la question généalogique qui se joue. Une mère dépressive sera parfaitement consciente d'être mère, mais n'aura aucun ressort pour dire non à sa fille.

Quel serait l'équivalent pour le père ?
Un père indifférent qui laisserait à peu près tout faire à sa fille.

Qu'est-ce que cela peut provoquer chez sa fille, un père totalement indifférent à la féminité ?
D'abord, le père peut faire semblant d'être indifférent, si c'est un intellectuel par exemple. Il peut être dans un autre monde tout en ayant bien vu que sa fille était en train de devenir belle. L'indifférence peut cacher beaucoup d'intérêt. C'est un mécanisme de défense. On dresse un rempart, on s'enferme dans sa tour d'ivoire intellectuelle pour ne pas être touché par le féminin. Cette indifférence relative peut concerner

des pères qui assument leur rôle, mais qui à l'adolescence de leur fille oublient quelque chose du féminin.

Comment peut-on « oublier quelque chose du féminin »?

Parce que l'homme a une telle peur du féminin qu'il évite la fille. Il a peur du féminin et il a peur du féminin de sa fille. Donc il présente une façade d'indifférence. Il se protège.

Pourquoi un homme aurait-il peur du féminin?

En général, c'est en liaison avec une mère trop puissante.

Et si le père ne fait pas semblant d'être indifférent?

S'il est indifférent à sa fonction de père, cela peut être gravissime. C'est un homme pour qui la fonction de père n'a pas de sens. Soit qu'il n'a pas reçu de son propre père le sens de cette fonction, soit que cette fonction ne l'intéresse pas du tout pour des raisons probablement liées à sa propre histoire. Quand on a un père indifférent, cela signifie que l'on n'a pas de père. Il est présent, mais il est absent. Dans les cas extrêmes, cela tourne à la pathologie.

Quelle est la conséquence pour une fille d'un père indifférent à la fonction du père?

Un père indifférent à sa fonction, cela donne une fille qui reste collée à la mère, qui a beaucoup de mal à vivre ce que l'on appelle la séparation-individuation. Elle reste un peu dans la confusion archaïque à la mère.

Est-ce la fonction du père de séparer la fille de sa mère ?

La fonction du père est une fonction de pacificateur. Au moment de l'imposition de la loi, de la séparation mère-enfant, le père est non seulement le représentant de cette loi, mais surtout le pacificateur de cette haine que l'enfant éprouve à devoir quitter sa mère, à aller dans la société et à ne plus être le petit objet de sa mère. D'objet, il devient un sujet. Et c'est le père qui l'aide. Le père est une grande aide à ce moment-là s'il assume sa fonction de père.

S'il ne l'assume pas, la fille reste à l'état d'objet ?

Pas forcément. Ce n'est pas aussi radical, mais disons qu'il y a une certaine confusion sujet-objet entre soi-même et les autres. Peut-être y en a-t-il d'ailleurs chez nous tous. Avant de devenir un sujet à part entière, il faut franchir de nombreuses étapes de différenciation.

L'indifférence du père a-t-elle d'autres conséquences pour une fille ?

L'indifférence, si elle est radicale, si un père a décidé que la question du féminin ne l'intéressait pas, pose le problème de ses relations avec sa femme : comment la traite-t-il ? Les filles dans ce cas ont beaucoup de mal à devenir femmes. Elles sont obligées d'inventer des chemins de féminité car le père ne les a pas guidées. Une fille dont le père serait complètement indifférent − ce qui n'est pas facile à vivre − peut avoir des substituts paternels dans sa famille qui la mènent sur le chemin de la féminité.

Et s'il n'y en a pas ? Pas de frères et pas d'oncles, rien.

Là, je pense qu'il y a une réelle difficulté à devenir femme. Il faut qu'elle invente avec d'autres hommes les chemins de la féminité. Elle peut jouer également ce que l'on appelle la « mascarade féminine » : elle va être super féminine en apparence et pas féminine du tout en dedans. Comme Marilyn Monroe. La « mascarade féminine » consiste à se mettre des habits, des étiquettes sur le corps pour dire aux autres : « Regardez comme je suis femme ! » tellement on en est peu convaincue.

Est-il possible d'inventer sa féminité ?

Oui, en faisant un travail sur soi. C'est de toute façon toujours très difficile d'être du féminin, ce n'est pas un sexe qui a été tellement valorisé jusqu'à présent dans la société. En outre, il est plus difficile de savoir ce qu'est un vagin, alors qu'un pénis, il bande et il se voit. Les femmes ont du mal avec leur propre sexe. Elles ne le sentent pas, il n'existe pas, comme si c'était une ère géographique du corps invalidée, sans sensation. Cela peut produire des frigidités, des vaginites, des hésitations sexuelles. On préfère séduire mais ne surtout pas passer à l'acte. Et puis, il y a toutes les problématiques du corps et du sexe, pas seulement génitales mais du corps féminin. Si ce sont les filles qui sont anorexiques, et pas les garçons, ce n'est pas un hasard. Ce sont plutôt aussi les filles qui sont boulimiques. Dans ce vide, ce creux, ce non-sens que représente pour elles le sexe féminin, elles vont mettre autre chose, de la nourriture pour le remplir. La boulimie, c'est remplir un vide que l'on sent en soi. Un vide à mon avis toujours lié au sexe. On ne sent pas ce qu'il en est du féminin dans son corps.

Et à l'inverse, dans le cas d'un père incestueux?

Les pères pédophiles et incestueux ne sont plus des pères, ce sont des hommes. Pour la fille, cela revient à une absence de fonction paternelle. Je distingue les pères et les hommes. Un père qui n'est pas un père, qui ne peut pas assumer sa fonction, est un homme. Un père incestueux n'est plus un père. Il a assassiné le père en lui.

Quelle est la différence entre un père trop autoritaire et un père tyrannique?

Un père tyrannique est un père qui sait tout, qui fait tout, qui décide de tout, qui fait la loi et qui est capricieux. Les pères tyranniques sont des pères hors la loi, mais le père qui ne fait rien est aussi hors la loi, d'une certaine façon. La tyrannie n'est pas meilleure que le laisser-faire. Un père vraiment tyrannique est également un père absent car lui non plus n'est pas un père. Il est resté un enfant. Du point de vue psychique, cela donne les mêmes catastrophes.

Quelles sortes de « catastrophes » ?
Sa fille a de grandes difficultés à devenir un sujet à part entière, à se différencier. Elle reste collée à la mère pour se préserver de cette tyrannie. On revient à la problématique sujet-objet.

Et le père trop autoritaire ?
Sur le plan psychique, il est beaucoup plus facile d'avoir un père trop sévère qu'un père absent psychiquement. La sévérité est de l'ordre de la parole. Un père sévère, on peut lui parler ; un père tyrannique, non. Il n'y a pas de parole dans la tyrannie.

A l'adolescence, que peut faire une fille face à un père tyrannique ?
Face à un père tyrannique, on ne peut faire qu'une chose : le fuir.

Et face à un père trop autoritaire ?
Je pense à une fille qui a eu un père très sévère, vraiment très sévère. Il lui disait non à tout et lui interdisait

catégoriquement de sortir le soir. C'était un père qui assumait complètement sa fonction. Cette fille m'a plus tard raconté un épisode remarquable. Il lui avait dit : « Va dans ta chambre ! Tu ne sors pas ce soir, tu es trop jeune ! » Elle était allée dans sa chambre et elle avait pleuré toutes les larmes de son corps parce qu'elle adorait son père. Elle en avait un peu peur. Et puis, tout d'un coup, elle s'était redressée – elle devait avoir 16 ans environ – et elle s'était dit : « Mince alors ! Moi, j'ai envie de sortir. Je vais le lui dire. » Elle était allée le voir en larmes et lui avait dit : « J'ai 16 ans. Je pense que je suis capable de savoir si je peux sortir ou pas, j'ai donc décidé de sortir ce soir. » Elle n'a pas donné d'explication, rien, elle s'est affrontée à son père. Il l'a regardée sans rien dire. Elle est sortie, il ne s'est pas fâché. C'était un père sévère mais juste, un père intelligent, et un père parleur. Ensuite, ils ont eu une discussion, il lui a dit : « J'attendais que tu saches ce que tu veux. »

Magnifique !

C'est une sacrée leçon. Par la suite, elle a dû affronter à plusieurs reprises la sévérité de son père et, du coup, elle est devenue quelqu'un. Ce père ne l'a pas cassée. Un père tyrannique casse ses enfants. Voilà la différence.

A l'inverse, que peut faire une fille face à un père laxiste ?

Un père laxiste serait un père trop mou, qui ne sait jamais où poser les limites. Un père laxiste est quelqu'un qui ne sait pas dire « non ». Il sait qu'il faudrait le dire, mais il ne sait pas où, il ne sait pas quand. Il n'a pas confiance en lui. C'est probablement lié à sa propre histoire. Lui a-t-on dit « non » à lui? C'est insécurisant pour sa fille. Elle va essayer de lui faire dire « non » par tous les moyens et n'y parviendra pas. Il lui faudra trouver des maîtres, des instituteurs, des professeurs.

Vous voulez dire qu'elle devrait se trouver un substitut paternel?

Elle a déjà du « paternel ». Le laxisme n'est pas forcément une absence de fonction paternelle. Elle se cherche des limites, ce qui est tout à fait autre chose. Elle va donc peut-être trouver des gens qui sauront lui dire « non », être fermes.

Pour conclure, que pourriez-vous dire aux filles qui veulent améliorer leur relation avec leur père?

Je ne sais pas. Je crois que cela m'est assez égal d'améliorer les relations des filles avec les pères. Cela ne m'intéresse pas. Là n'est pas la question. Ce qui est important, c'est de savoir où l'on en est avec celui que l'on appelle père. Pour pouvoir ensuite le lâcher et vivre avec un homme.

Alice Rufo et son père,
Marcel Rufo

Alice Rufo :
« J'étais le modèle de l'enfant parfait »

Elle est la fille du pédopsychiatre Marcel Rufo. Alice a 22 ans, les cheveux bruns retenus en arrière, la taille fine. Elle ressemble à son père : mêmes yeux de braise, même teint mat, mêmes sourcils fournis. Pas un gramme de maquillage. Vive, décontractée, enjouée, elle se confie facilement. Elle vient de réussir en candidate libre (« et ça a marché ! ») le concours de l'Ecole normale supérieure de la rue d'Ulm, l'un des plus difficiles de France. Elle est également en quatrième année de Sciences-Po.

Que mon père soit psychothérapeute n'a pas influencé l'éducation que j'ai reçue, sauf que j'ai baigné dans un climat d'interprétation permanente de tout ce que je faisais. J'ai rarement raconté mes rêves à mon père parce que les quelques fois où je l'ai fait, c'était terrible. Sa déformation professionnelle était de tout psychologiser. J'ai presque toujours été une bonne élève, une petite fille comme il faut, très bonne en classe. Mon père a eu le sentiment que rien ne pouvait me résister sur le plan scolaire, mais, quand je suis arrivée en prépa à Louis-le-Grand, j'ai eu des difficultés à réussir le concours de l'Ecole normale supérieure. Des difficultés objectives que tout le monde aurait eues. C'est devenu, dans son interprétation, une névrose d'échec. Je ne voulais soi-disant pas réussir, j'avais peur de m'exposer. Alors que, tout simplement, je n'y arrivais pas. C'était difficile de se battre systématiquement contre ses interprétations psychanalytiques. En réalité, si j'ai raté mon concours, ce n'était pas pour des raisons psychologiques : il aurait fallu que je travaille davantage. J'ai donc le sentiment que ma vie a toujours été surinterprétée.

Mon père avait énormément investi sur mon concours. En fait, nos relations ont longtemps été axées sur mes études. Quand j'ai présenté le concours pour la première fois, il n'a pas voulu assister à l'oral. Lorsque j'ai eu les résultats, il m'a dit : « Je te connais, tu as dû être complètement hystérique, et c'est pour cela que tu ne l'as pas eu. » Je lui ai répondu : « J'étais tout à fait normale. Et si je ne l'ai pas eu, c'est que mes oraux ne devaient pas être bons. » Il a insisté. J'avais raté mon examen parce que j'étais hystérique ! Du coup, l'année suivante, je lui ai demandé de venir assister à l'épreuve, et là, il a reconnu ses torts.

Depuis que j'ai réussi, nous parlons d'autres sujets, comme si cela avait libéré nos relations. Il évoque ma vie sentimentale ou mes loisirs. A la rigueur, aujourd'hui, il se fiche un peu de mes études, il est tranquille pour l'avenir. Il était temps que nous ouvrions notre champ de discussion !

Mon père a choisi médecine un peu par hasard. Ses parents étaient d'origine très modeste. Ils voulaient qu'il soit ouvrier à l'Arsenal de Toulon, ce qui aurait déjà été pour lui une très grande avancée. Il a fallu qu'il se batte. Je crois qu'il aurait beaucoup aimé faire des études de philo, mais ce n'était pas une sécurité suffisante. La grande réussite, à l'époque, était de devenir instituteur. Médecin était encore mieux.

Il ne m'a pas poussée à réussir directement. Il n'était pas sévère. Il ne m'a jamais obligée à travailler ni n'a vérifié mes notes. Il n'en avait pas besoin. Il exerçait une pression plus forte. Il m'a souvent parlé de ses origines : plusieurs générations d'immigrés italiens qui progressaient dans l'échelle sociale. J'ai l'impression qu'il a en permanence derrière la tête ce mythe d'une avancée sociale de génération en génération. Je le ressentais. Comme si je devais accomplir ce que lui n'avait pas pu accomplir. Il n'a pas contrôlé mes études et ma vie de manière rigide, mais il s'est tellement projeté que je n'ai pas supporté l'échec. Je l'ai vécu comme un drame. Aujourd'hui, je me rends compte qu'échouer une première fois à un concours n'est pas grave mais, à l'époque, je ne pouvais pas l'admettre.

Quand j'ai échoué, je savais que c'était grave. Je n'avais pas réussi à satisfaire son attente, son espoir. Il avait énormément investi dans ma réussite à ce concours, pas sur le plan professionnel ni carriériste, mais sur un plan plus poétique : pour lui et dans l'imaginaire collectif, être normalien était une sorte d'accomplissement.

Si mon père a pu induire en moi certaines pensées ou certains comportements, c'est qu'il y avait chez moi un terrain réceptif. Je ne peux pas dire qu'il m'ait modelée. A l'école primaire, il m'est arrivé de me relâcher, je voulais m'amuser. Cela faisait beaucoup rire mon père. Il disait : « Mais c'est une catastrophe ! Mais ce n'est pas possible ! Elle ne va jamais rien faire de sa vie, c'est horrible ! » Et puis, une fois au lycée, j'ai commencé à travailler, de manière presque exagérée. Personne ne travaillait autant que moi. C'était très bien, j'étais première mais je passais mes nuits sur mes devoirs et mes livres. Les professeurs ont dit : « Il faut continuer. » Un système s'est mis en place. J'avais le statut de première de la classe. J'étais forcée d'avoir de bonnes notes. C'est un engrenage et, une fois en classes préparatoires, il devient pire encore. Si on réussit, il faut toujours progresser.

Ce premier échec au concours, je l'ai mal vécu parce que mon père ne m'a pas donné la possibilité de me réaliser autrement que par la réussite scolaire. Pour lui, je n'avais pas de vie en dehors de mes études. C'était d'ailleurs exact et, même si j'en avais eu une, il n'aurait pas voulu la connaître. Comme si c'était impudique de parler d'autre chose. C'était une belle aventure, ce concours, mais il n'y avait que cela. Quand j'ai échoué, je me suis bien demandé comment je pouvais me construire autrement. J'avais l'impression de n'exister que par la réussite scolaire, mon père ne me voyait que par ce biais.

Je le lui ai dit. Je lui ai reproché de pas avoir vu le risque d'échec, d'avoir été mégalo sur mon compte. Je lui ai reproché de ne pas m'avoir donné la sécurité de me parler d'autre chose, de me faire découvrir d'autres choses. Un filet de sauvetage. D'ailleurs, c'est quand j'ai raté mon concours que j'ai rencontré mon petit ami. Je suis redescendue à Marseille contre la volonté de mon père. Il voulait que je reste à Paris faire Sciences-Po. J'ai refusé, il l'a très mal vécu. Mais finalement il m'a dit : « D'accord, mais tu repasses le concours. » Il m'a payé un appartement à Marseille à côté de chez mon copain. Il a accepté la situation mais, cette année-là, je ne l'ai pas beaucoup vu. Je me sentais mal vis-à-vis de lui. Il est vrai que je lui en demandais quand même beaucoup. Je n'avais pas eu mon concours. Je revenais à Marseille pour mon petit copain et j'abandonnais mes études à Paris... Moi qui avais toujours été l'enfant modèle, je faisais n'importe quoi !

C'était aussi une manière de lui montrer que j'avais une autre vie que ce concours. J'osais lui parler pour la première fois de ma vie affective. Cela a dû lui faire drôle. C'est après avoir échoué au concours que je me suis vraiment affirmée aux yeux de mon père, et d'une manière générale, en dehors de mes études. Tout le monde a perdu ses repères. Mon père essayait de rentrer dans le jeu, de dire : « On s'en fout », mais le cœur n'y était pas.

J'ai toujours eu le sentiment avec mon père d'une extrême liberté et d'une extrême marge de manœuvre. Il n'a jamais représenté une autorité bête. L'autorité pour l'autorité, obéir pour obéir, je n'ai jamais connu. J'ai toujours eu chez moi une liberté de parole hallucinante, en passant d'ailleurs par des insultes qu'en général on ne dit pas à son père. Quand je m'énerve après lui, je hurle. Il ne m'a jamais répondu : « Tais-toi, je suis ton père ! » Il hurle aussi, mais c'est d'égal à égal. Il ne m'a jamais répliqué des choses du style : « Sors de table et va dans ta chambre ! » Ce sont des phrases qui me sont étrangères. Il ne m'a jamais donné une gifle. C'est très agréable mais, en même temps, pour moi, c'était déstabilisant. Je n'avais pas vraiment de cadre et cela me responsabilisait un peu trop. Notamment dans le travail. Jamais mes parents ne m'auraient interdit de sortir. La décision, c'était moi qui la prenais. Je n'avais pas de contrepoids, d'autorité, de contrôle pour me rassurer. Pas de repères. C'est la raison pour laquelle, à mon avis, je suis aujourd'hui si indécise. C'est pratiquement impossible pour moi de prendre une décision.

Je n'ai pas de cadre autoritaire que je pourrais biaiser, contre lequel je pourrais me positionner. Quand j'avais 17, 18 ans, mes copines, lorsqu'elles sortaient, le cachaient à leurs parents. Moi, je n'ai jamais rien caché aux miens. Ils ne m'ont jamais interdit de faire quoi que ce soit, mais, du coup, j'ai été obligée de toujours me fixer mes propres limites. Je n'ai jamais fait de folies. Je ne sais pas comment mon père aurait réagi à une fille plus compliquée, qui aurait eu des difficultés scolaires, une enfant qui ne serait pas le modèle de l'enfant parfait, c'est-à-dire qui ne fait pas de bêtises et qui travaille bien à l'école. Je crois que je lui ai plu. Je n'ai jamais été en opposition avec mes parents de façon agressive. Partir de Paris pour revenir à Marseille, c'était une opposition douce. J'ai accepté de repasser le concours auquel il tenait tant. Il a été présent à toutes les épreuves et mon sujet de philo à l'oral était : « Qu'est-ce qu'un père ? », mais je ne l'ai pas pris. Nous avions deux sujets au choix. Il était dans la salle, je n'aurais pas pu. Je ne sais pas ce que j'aurais répondu. L'idée du père, c'est habituellement lié à quelque chose de fixe, de rassurant par son autorité. Mon père, lui, c'est une pile électrique. Il part dans tous les sens, il fait des frasques en permanence. Je ne peux pas dire qu'il représente pour moi le sérieux, le calme, l'autorité et l'austérité. Mon père a toujours été complètement allumé, et tout le monde m'a toujours dit qu'il était fou.

Quand j'étais petite, je ne me suis jamais dit que, chaque jour, mon père parlait à des enfants de mon âge, les rassurait, les protégeait. Puisqu'il réglait des problèmes graves de divorce, de décès, je ne comprenais pas pourquoi, quand j'avais un problème mineur par comparaison, il ne parvenait pas, moi, à me rassurer et à me calmer.

Au moment où j'ai raté le concours, je suis allée discuter avec un copain de mon père psychanalyste. Il m'a regardée en riant et m'a dit : « Mademoiselle, soit vous faites quinze ans de thérapie pour vous en remettre, soit vous repassez le concours et vous vous taisez. » J'ai choisi de repasser le concours. Et j'ai dit à mon père que j'étais normale. Il était assez content de l'apprendre car il a tendance à croire que je ne le suis pas. D'ailleurs, à ma naissance, j'avais les yeux bridés. Il était persuadé que j'étais mongolienne. Il m'a fait passer tous les tests psychomoteurs nécessaires. L'analyse qu'il a faite de moi a commencé très tôt. Souvent, quand je discute avec lui, je me livre moi-même à des interprétations de sa personnalité. Je ne connais rien à la psychanalyse mais, à force d'en entendre parler, j'en suis imbibée, je commence à avoir des repères. Je lui demande si je peux me risquer à interpréter son comportement, et cela le fait beaucoup rire parce que parfois je tombe juste. J'essaye de le faire sur certains travers de sa personnalité que je ne dévoilerai pas parce que je pense qu'il m'en voudrait.

Je crois avoir une relation assez adulte avec lui. C'est ma mère qui s'est occupée de ma protection, elle m'a soutenue pas à pas dans toutes mes avancées, elle m'a toujours écoutée, elle s'est toujours montrée enveloppante. J'ai une relation fusionnelle avec elle. Elle m'appelle trois fois par jour, mon père non. Avec lui, c'est beaucoup plus distant. J'ai souvent discuté avec lui mais il s'est rarement occupé des problèmes quotidiens de ma vie et de mes états d'âme. C'est peut-être normal.

J'ai une grande influence sur ma mère et ma mère a une grande influence sur moi. Avec elle, je suis capricieuse, et elle est extrêmement douce avec moi. Elle a tendance à assouvir tous mes caprices et à se mettre au diapason. Je n'ai pas la même influence affective sur mon père, je ne lui fais pas de peine, mes lamentations ne le touchent pas beaucoup! Ma mère est plus proche de ce que je ressens, elle sait tout depuis toujours, alors qu'il y a certains sujets que je n'ai pas abordés avec mon père. Notamment tout ce qui relève de ma vie affective. Aujourd'hui, je lui en parle, mais de manière distante. C'est vrai que mon petit ami est un étudiant en médecine, ce qui pose problème étant donné que mon père est son professeur à la faculté de médecine de Marseille.

Souvent, les pères de mes amies ont par principe une froideur, une distance vis-à-vis des petits amis de leur fille. Je pense avoir un peu d'autorité sur mon père. Peut-être par crainte d'une réaction négative de ma part, il est gentil, ouvert et familier avec mon petit ami. En revanche, il est jaloux de lui, c'est évident. Quand je parle un peu trop de mon petit ami, il s'exclame : « Non mais, et moi alors dans l'histoire ? »

C'est bizarre, nous avons une drôle de relation. Quand il écrit un livre par exemple, il me le montre, il est inquiet de ce que je vais en penser. J'ai l'impression qu'il cherche à me prouver quelque chose, comme j'ai cherché à lui prouver quelque chose. Moi, maintenant, je m'en suis détachée, je n'ai vraiment plus rien à lui prouver. Honnêtement. Ce concours a été un aboutissement. C'est terminé, je fais ce que je veux de ma vie et je ne lui prouve plus rien. Mais lui, il a encore quelque chose à me prouver.

Il a réussi à me donner confiance en moi sur le plan intellectuel, mais sur le plan de la féminité, certainement pas. A la limite, cela le dégoûte. Ce sont des choses qu'à propos de sa fille, peut-être par jalousie, il ne peut pas entendre. Ce n'est même pas la peine d'en parler. Le psy, je crois, refoule pas mal. Surtout ne lui posez pas la question. J'ai peur de sa réponse. En plus, je n'ai jamais été élevée comme une petite fille. Je côtoyais uniquement des garçons, les fils des amis de mon père, et je devais être aussi costaud qu'eux. J'ai toujours été un garçon manqué.

J'avais des jeux de garçon. Mon père m'a toujours emmenée à la pêche, jamais faire les boutiques. Il ne m'a jamais prise pour une fille. C'est sûr.

Quand j'étais petite, il n'était pas très présent parce qu'il travaillait beaucoup. Je le voyais peu mais il a vraiment réussi à créer une atmosphère merveilleuse autour de moi. Le peu de relation que nous avions était magique. Il faisait le monstre et il suffisait que je fasse un signe pour qu'il s'arrête comme si j'avais un pouvoir en moi. Le mercredi, nous partions faire ce qu'il appelait les « explorations ». Maintenant je me rends compte que c'étaient des endroits complètement fous, des grottes toutes petites, alors qu'à l'époque elles me paraissaient énormes. Il avait recréé un univers. Nous nous faisions mal, des plantes nous piquaient les jambes, nous étions courageux. J'ai cru longtemps que j'avais des pouvoirs magiques. Il m'a souvent emmenée en voyage seule. Nous sommes partis à Disney World. Je lui suis reconnaissante de ma petite enfance. Il était peu présent dans le quotidien, mais il me donnait le sentiment d'une sorte de magie autour de moi.

Ce qui fait que je m'entends bien avec mon père, c'est que je pense être extrêmement différente de lui sur de nombreux points. Quand il va à un dîner, c'est lui qui devient le centre d'attraction et qui fait rire tout le monde. Je ne suis pas comme cela. Je suis beaucoup plus discrète, plus réservée que lui. Et je pense être plus rigoureuse que lui dans mon travail, dans ma façon de réfléchir. Il est très original, pétillant dans sa façon de penser. Je suis plus sobre et un peu plus bosseuse que lui.

Mon père est quelqu'un de terriblement optimiste, de gai et joyeux en permanence. J'avoue que je suis plutôt du genre « Non, tout va mal ». Je suis pessimiste. Pour lui, tout va toujours bien et il faut foncer, être original, ne pas avoir de réserve ni de conventions. Moi, je ne peux pas. J'évolue dans un milieu qui n'est pas le mien. A l'Ecole normale, je rencontre des gens plus rigides que mon père. Je ne peux pas être originale et rigolote.

Nous sommes différents mais c'est ce qui fait que nous avons besoin d'être en relation, chacun à sa place. Je suis ravie de ne pas avoir fait des études de psy, même si c'est un métier que je trouve magnifique et que j'aurais peut-être aimé exercer. Pour bien m'entendre avec lui, j'avais besoin de cesser d'être sa fille à un moment ou à un autre. Et en devenant psy comme lui, je n'aurais jamais cessé de l'être. D'ailleurs, en faisant de la philo, on peut revenir à des sujets touchant à la psychanalyse ; pour moi, ce serait un bel accomplissement de finir par travailler avec lui, mais en ayant ma voie et lui, la sienne.

Jusqu'à présent j'ai l'impression d'avoir suivi un schéma de vie qui correspond à ce qu'il aurait voulu. Je voudrais savoir comment il vivrait un choix de vie ou de métier qu'il n'approuverait pas.

Marcel Rufo :
« Le père absent n'existe pas »

La semaine où je l'ai interviewé, il faisait la une du journal L'Express. *Du jamais-vu depuis Françoise Dolto. Marcel Rufo n'est pas seulement la nouvelle star de la psychanalyse en France, il est pédopsychiatre et professeur à l'université de médecine de Marseille. Il a publié* Œdipe toi-même! *aux éditions Anne Carrière, qui est resté plusieurs mois en tête des meilleures ventes, puis* Frères et sœurs : une maladie d'amour, *aux éditions Fayard.*

Marcel Rufo est surtout le père d'Alice, son enfant unique. Il a accepté de parler de ses relations avec sa fille. Il a le verbe haut et l'accent chantant du Midi. Surtout, il adore aller à l'encontre des idées reçues. Au fur et à mesure de l'interview, sa voix pourtant se fait plus grave. Il réfléchit, se rend compte de ses erreurs, les assume. Parfois la tristesse affleure. Marcel Rufo sait que sa fille est en train de devenir femme, qu'elle lui échappe et que c'est bien ainsi. Un témoignage touchant par sa sincérité, son honnêteté et sa franchise.

Est-ce un avantage ou un handicap pour un père d'être pédopsychiatre? Je crois que les pédopsychiatres ne sont pas pédopsychiatres avec leurs enfants. Ils sont comme tout le monde. Ils n'ont pas de capacité particulière à interpréter ce qui est du registre de l'affectif. Tout le travail des pédopsychiatres, c'est d'essayer de travailler dans l'affectivité sans y mettre la leur. Mais ils sont infoutus de le faire quand il s'agit de leurs enfants. Ils sont dedans.

Ce qui est un avantage, c'est d'être le parent d'un enfant d'un autre sexe que le sien. Lorsqu'un père a un petit garçon, il croit toujours qu'il fonctionne comme lui, alors que l'étrangeté d'avoir un enfant d'un autre sexe protège le parent. On évite les projections habituelles : croire que son enfant pense comme on le faisait à son âge. Cela permet d'être respectueux de la différence. J'aurais été plus mal à l'aise si j'avais eu un fils. J'aurais été plus proche de lui, par exemple pour jouer, et plus mal à l'aise pour repérer ses difficultés.

La principale difficulté que j'ai rencontrée avec Alice est extravagante compte tenu de son cursus. En CE2, il y a eu un moment où elle a été une mauvaise élève pendant deux mois. C'était terrible pour moi. Je n'arrivais pas à le supporter. En fait, elle était sous la coupe d'une enseignante un peu cinglée, mais je n'avais pas fait ce diagnostic et j'en voulais beaucoup à Alice de risquer d'échouer. J'avais très peur de cela, alors que, de par ma profession, je rencontre sans cesse l'échec scolaire, des gosses qui souffrent et que j'essaye de soutenir. Alice me renvoyait à une peur extrême. Souvent, les psys disent que l'école n'est pas si importante. Ce n'est pas très honnête. L'école est très importante.

A ce moment-là, j'ai éprouvé une agressivité contre elle étonnante et scandaleuse. Je lui disais : « Je ne supporterai pas que tu ne veuilles pas apprendre ! » C'était terrible, j'en ai profondément honte. Ensuite, elle a changé d'instituteur et cela s'est très bien passé.

Il y a eu d'autres difficultés : des troubles du sommeil. C'est un phénomène que je rencontre souvent dans mon travail, j'ai donc commencé à m'en occuper. Elle était toute petite, elle avait 3 ou 4 ans. Je lui disais : « Je te lis une histoire, Alice, puis tu vas t'endormir. » Au début, ça a marché, mais après, elle me réveillait sans arrêt à 1 heure, à 2 heures, à 3 heures du matin, et comme je m'énervais, elle me répondait : « C'est drôle, tu dis toujours qu'il faut attendre que les enfants s'endorment. » Traduction : elle me reprochait mon impatience. Dans le fond, je me sentais plus observé par ma fille que moi je ne l'observais. Elle m'a permis de comprendre que souvent les enfants en bas âge regardent avec beaucoup d'attention leurs parents. Elle a eu des troubles du sommeil jusqu'à l'âge de 6 ans. Je faisais tout ce que je dis aux parents de ne pas faire. J'acceptais qu'elle dorme avec nous. Je faisais n'importe quoi.

Après, j'ai eu des difficultés avec elle à l'adolescence, mais c'est plus anecdotique. A un moment,
elle s'habillait n'importe comment. C'était de l'ordre
d'un très mauvais goût vestimentaire, mais, en même
temps, cela m'amusait. Je ne me serais pas permis de
lui faire de réflexions, je n'en pensais pas moins.
Maintenant, je trouve qu'elle s'habille très bien. Vous
l'avez trouvée comment? Habillée correctement ou
non? Je la préfère élégante.

Un été, je l'ai retrouvée par hasard à Calvi, en
Corse, dans un piano-bar. Je ne savais pas qu'elle y
était. J'étais stupéfait. C'est à l'âge où les enfants ne
prennent plus leurs vacances avec leurs parents, une
période de détachement. J'ai des regrets. Je pense
avoir commis des erreurs dans son éducation. Je me
reproche toujours de n'avoir pas été plus proche
d'elle, d'être passé à côté de moments de sa vie un
peu sacrés. J'ai raté des temps. Si je pouvais
recommencer, je m'occuperais d'elle davantage, je me
montrerais plus disponible.

Il y a eu des moments sympa. Certains jours de la
semaine, nous explorions des quartiers de la ville où
nous habitions. Nous rentrions dans les maisons,
nous passions dans des souterrains. Nous nous étions
amarrés une fois par gros vent au cap Canaille, et
nous luttions contre le mistral en marchant non loin
du vide, comme des explorateurs. J'avais mis ma ceinture autour d'elle pour l'accrocher à moi, à cause du

gros vent. Une sorte de prise de risque imaginaire. C'était « Papa et fifille prennent ensemble tous les risques », une bataille physique. Nous faisions toutes les bêtises qu'il ne faut pas faire. Elle était petite, elle devait avoir 6, 7 ans.

J'ai raté des instants du quotidien à cause de ma fichue carrière. Les hommes croient toujours que leur travail est plus important que leur vie. Ils sont redoutables et grotesques. Je n'échappe pas au déterminisme masculin. Ce qui compte le plus dans la vie, ce sont ces petits moments poétiques. Est-ce que je suis vraiment sincère ? Non, j'adore mon boulot. J'adore mon métier. Je referais ces mêmes erreurs si j'avais à les refaire.

Elle croit que je ne l'écoute pas alors que ce n'est pas vrai. Je l'écoute mais je crois toujours avoir compris ce qu'elle est en train de dire, et cela la met en fureur. Je devrais accorder plus de temps à ce qu'elle me raconte, plutôt que de soi-disant comprendre. C'est peut-être un défaut professionnel.

Ma fille me reproche de ne l'avoir longtemps regardée qu'au travers de ses résultats scolaires. Ce n'est pas faux. Je suis dans la position laïque et républicaine du « Tu réussiras mieux que moi ». Je me suis toujours attendu à ce qu'elle réussisse mieux que moi. Et maintenant que c'est une réalité, j'en suis satisfait, mais c'est vrai que j'ai été longtemps aux aguets de ses performances, de son brio, de ses résultats. Et peut-être ai-je été nuisible, à toujours rêver de ce que j'aurais voulu faire et qu'elle a fait à ma place. C'est une fragilité de ma part, elle me la reproche, j'en prends acte et je l'assume.

Je ne m'attendais pas à son échec la première fois à Normale sup. C'était projectif de ma part. Je croyais qu'elle était encore plus forte à l'oral qu'à l'écrit. Comme moi. Et voilà qu'elle échoue à l'oral! Elle m'aura tout fait! Je n'ai pas mal vécu son échec. Moi aussi j'ai passé deux fois l'internat. Et aujourd'hui, elle est correctement classée. Elle a été reçue cinquante-cinquième alors qu'il y a soixante-quinze places.

Je sais que, pour elle, cet échec a été difficile à vivre. C'est elle que cela concernait, son narcissisme, son image. Elle n'était pas dévaluée à mes yeux. Si elle l'a cru, elle s'est trompée. En tout cas, je ne crois pas avoir manifesté d'agressivité. Je lui ai juste dit de recommencer. Elle ne voulait pas. J'ai tenu bon. Quand elle m'a fait part de sa décision de rentrer à Marseille, j'ai compris que je n'étais plus maître du destin. Elle avait un copain et elle voulait le retrouver. Je lui avais acheté un studio à Paris et elle rentre à Marseille... Heureusement que je suis psychiatre!

Je ne crois pas avoir d'autorité sur elle. Et c'est quelque chose qu'elle pourrait me reprocher, de ne pas être plus caricatural. Elle me reproche de toujours la renvoyer à elle-même, d'accepter ses choix, de n'être pas assez décisif dans ses orientations. Je ne regrette rien, je ne changerai jamais cela. Elle fera ce qu'elle veut.

En tant que père, avoir de l'autorité sur sa fille, je crois que c'est une grosse bêtise. Ce qui est bien, c'est que les filles aient de l'autorité sur leur père ! Cela les rassure. Dans le fond, les pères souhaitent tous confusément devenir l'enfant de leur fille. C'est pour cela qu'ils s'entendent aussi bien avec leurs petits-enfants. Il y a une filiation. Alice ressemble aussi à ma mère. Il y a toujours quelque chose chez sa fille qui renvoie un père à sa propre mère, plus ou moins consciemment. Alice est aussi porteuse du message de ma mère.

Alice est parfaite sur le plan de l'intelligence et du brio, mais elle est loin d'être pour moi le modèle de l'enfant parfait. Par exemple, je trouve qu'elle tient ce rôle à l'excès, du coup on ne peut rien lui dire. C'est un splendide mécanisme de défense que de laisser entendre : « Avec tout ce que je mérite, vous n'allez pas me critiquer. » De sa part, c'est très futé. Et c'est cela son imperfection.

Si elle faisait un choix de vie que je ne comprenais pas, je serais tout à fait d'accord. Au contraire, cela me passionnerait. Elle m'embête quand elle choisit « philosophie et psychanalyse ». Si elle s'intéressait à l'histoire du théâtre ou à l'histoire du cinéma, ou si elle choisissait de vivre sa vie plutôt que de faire sa carrière, j'applaudirais des deux mains. Je comprendrais alors définitivement qu'elle est une fille, et non le faux petit garçon que je retrouve parfois en elle.

Si elle était mauvaise en classe, il faudrait que je fasse un gros effort pour supporter ce changement auquel elle ne m'a pas habitué. Elle s'est mise dans un rôle conventionnel de manière à ne prendre aucun risque. Peut-être que si elle n'était pas comme elle est, elle m'aurait appris davantage de tolérance, peut-être aurait-elle élargi ma compréhension.

Je ne suis certainement pas jaloux de ses petits amis, ah non! La première qualité d'un père, c'est d'être complètement inintéressé par la sexualité de sa fille, vraiment inintéressé. De même que les enfants sont bien loin de la sexualité des parents. Je crois que les familles sont les gardiennes de la pudeur. Je me fiche complètement de ses ébats sexuels, de ses organes et de ce qu'elle peut faire. J'ai une anecdote étonnante : il y a deux ans, nous sommes partis au ski avec son petit camarade, et nous sommes allés dormir dans une maison où il n'y avait qu'un lit à deux places. Ils ont donc pris le lit à deux places, et je pensais que j'allais mal dormir. Je me suis mis devant le feu de bois, je me suis endormi tout de suite sur le canapé; au réveil, eux avaient mal dormi parce que j'avais ronflé. Moi, j'ai sombré sans aucun trouble. Je me fiche de sa sexualité. D'ailleurs, les pères qui s'inquiètent de cela sont des pères qui devraient examiner leur problématique incestueuse.

Comment je trouve ma fille physiquement? Je suis mal placé pour le dire parce que je trouve qu'elle me ressemble beaucoup. Quand je suis en forme, je la trouve jolie, sinon moins! Ma fille n'est pas une femme pour moi. C'est ma fille. Une des qualités d'Alice, c'est d'être une fille pour que je lui offre des fleurs. Tous les 3 juillet, je lui offrirai dix-sept fleurs pour célébrer sa réussite au concours de Normale. Donc je mélange féminité et réussite. Je suis incurable.

C'est toujours important de mettre son enfant en adéquation avec son sexe. Le petit garçon que je n'ai pas eu, j'aurais adoré qu'il soit brillant au rugby. J'aurais trouvé génial qu'il soit un grand troisième ligne ou un excellent demi d'ouverture. J'aurais bu une bière avec lui après le match en disant : « Tu as fait une percée fantastique en fixant la défense au ras de la mêlée. » J'aurais accentué sa virilité. Pour un père, traiter sa fille comme une fille, c'est avoir pour elle une distance amoureuse qui soit celle d'un père. Cette distance renforce pour elle la capacité à s'ouvrir à d'autres amours.

Est-ce que la féminité « me dégoûte »? Le psychanalyste Serge Lebovici, lors d'un exposé, avait discuté de la peur des règles chez les garçons, et moi, j'ai toujours exagéré en ce sens. Je citais Jean Giono : « La petite fille était une fille, le sang lui était venu », et cette imbécillité a fait qu'Alice, quand elle a été indisposée pour la première fois, a vécu cela comme une honte. Peut-être que j'ai été un peu idiot sur ce plan et qu'il s'agit de théories psychanalytiques mal digérées sur le thème de la crainte des règles chez le garçon. Je voulais sans doute « étancher » la périodicité de la féminité, représentée au maximum par les règles. Je voulais être loin de cela, que l'on ne m'en parle pas. Je refusais d'entendre parler des histoires de puberté et de règles. C'est sans doute quelque chose de la différence des sexes que je n'ai pas bien assumé. C'est intéressant qu'Alice dise : « Ça le dégoûte », parce que c'est vrai.

Un bon père, selon moi, c'est un père qui ne croit pas l'être. Un bon père marseillais ne sera pas une bonne mère. Il sera présent et absent à la fois. Pudique, sûrement. Et puis, tout à fait respectueux du destin, de l'avenir et du choix de sa fille. Un bon père, c'est celui qui soutient la maman dans son travail de maternage. Un bon père, c'est Joseph, tiens. Un homme qui peut faire tiers dans la relation fusionnelle de la mère et de l'enfant. C'est quelqu'un qui favorise et crée la séparation-individuation qui permet de séparer la mère de l'enfant au bon sens du terme, de rendre l'enfant autonome. Est-ce que j'y suis arrivé? Peut-être que j'y arriverai plus tard. J'ai peut-être encore mes chances.

J'ai peut-être aussi eu parfois l'attitude standard et habituelle des pères de laisser la mère et l'enfant se débrouiller entre eux. Je suis un père normal, donc absent. Je fais partie d'une génération qui a privilégié son travail. C'était le baby-boom et l'accession aux carrières. Mais nos retraites ne seront pas assurées, et c'est bien fait pour nous.

C'est vrai, j'ai dit à mes étudiants de ne jamais oublier de « cracher à la gueule de ceux qui disent que les pères ne s'investissent pas ». Actuellement, je trouve que les pères font des progrès par rapport à nous. Dans le service des consultations pour nourrissons, deux pères sur trois sont présents. Ce qui est extraordinaire. Les pères d'aujourd'hui osent s'occuper du développement de leur enfant. Ils sont de meilleurs pères.

Tous les pères s'investissent. Les plus timides sont ceux qu'il faut le plus chercher à convaincre de s'investir. Je maintiens ma phrase. Le père absent n'existe pas. Le père abandonnique, c'est un père poussé à l'abandon, ou le père qui n'a pas les moyens de s'investir par timidité, par repli, par trouble personnel. Je ne supporte pas ce concept de père absent qui expliquerait les troubles : le père matelot, le père représentant de commerce... Ce que je dis à mes étudiants, c'est de convoquer les pères et de travailler avec eux. Ils ont besoin de croire en leur paternité. Il faut croire être père pour le devenir.

Ma fille représente pour moi ce que j'aurais voulu réussir sur le plan des études et, dans le fond, j'espère qu'elle sera différente de moi. Elle représente une identité réussie et une différence possible.

Est-ce limitatif de la voir seulement à travers la lucarne des études ? Non, je respecte la différence possible. Avant, Alice était petite. Les filles croient toujours qu'elles sont plus grandes qu'elles ne sont en réalité. Maintenant, Alice est grande et peut être différente. Quand elle était petite, j'espérais qu'elle devienne ce que je rêvais qu'elle devienne. Aujourd'hui, je voudrais qu'elle me surprenne. Je compte sur elle. Je suis sûre qu'elle va me surprendre.

J'aimerais lui poser une question. Se souvient-elle de moments poétiques importants de sa petite enfance ? Cela me plairait beaucoup.

Conclusion

Les relations père-fille sont multiples. Chacune est unique. Il existe pourtant quelques clés qui permettent de mieux les comprendre et de les intégrer. J'en ai retenu dix capables d'éclairer, comme autant de lumières, les relations qui unissent pères et filles.

Première clé : le père absent est en voie de disparition. Les pères d'hier, même aimants, se comportaient de façon distante envers leur fille. Un renversement s'est opéré. Comme la pendule d'un balancier, les pères sont passés d'un excès à l'autre et sont devenus de plus en plus fusionnels. Souvent trop lointains jadis, parfois trop proches aujourd'hui. Un peu de temps encore, et l'équilibre sera trouvé.

Les pères d'hier se limitaient au rôle de « pourvoyeur économique » et se déchargeaient sur leur femme de la responsabilité d'éduquer les enfants. Même présents, ils étaient absents. Mais les règles du jeu ont changé. Les pères d'aujourd'hui, plus proches de leur fille, ont compris l'importance d'être pères, y compris pour leur épanouissement personnel. Reste qu'il y a lieu de prendre conscience des nouveaux dangers et des éventuels dérapages que suscite cette situation sans précédent. Sur le plan psychologique, on peut parler d'inceste entre une mère et son enfant quand la fusion entre eux dure trop longtemps. Il en est de même pour le père. Parce qu'elles leur restent trop attachées, beaucoup de filles aujourd'hui, au sortir de l'adolescence, éprouvent des difficultés à nouer des relations durables avec d'autres hommes et à vivre pleinement, en accord de corps et d'âme, leur sexualité.

La **deuxième clé** prolonge la première. Il s'agit de la redécouverte du rôle premier et fondamental de l'interdit de l'inceste dans la construction de l'identité de la fille. Et c'est au père de s'en porter garant. Il est le gardien d'un des tabous fondateurs de l'humanité. S'il ne joue pas ce rôle, il n'est plus un père. L'inceste peut donc être physique aussi bien que psychique. Dans un premier temps, cet interdit concerne la mère. La fonction principale du père est alors à la fois d'empêcher la petite fille de prendre possession de sa mère, et d'empêcher la mère de prendre possession de l'enfant. Il est le tiers séparateur (« pacificateur ») entre la mère et sa fille. S'il ne le fait pas, s'il laisse à la mère tout pouvoir sur l'enfant sans jamais donner son avis, s'impliquer, s'interposer ou mettre de limites, la petite fille aura plus tard du mal à savoir qui elle est. Elle se verra plus ou moins consciemment comme un clone de sa mère, et ne saura s'en différencier autrement qu'en lui déclarant ouvertement la guerre.

Dans un second temps, l'interdit de l'inceste concerne le père lui-même. Ne parlons pas d'inceste physique, ce serait le sujet d'un autre ouvrage, mais d'inceste psychique, sans passage à l'acte, que les pères, en toute innocence, pratiquent de plus en fréquemment avec leur fille. Le premier pas d'une relation incestueuse, c'est de vouloir plaire à sa fille, de vouloir la séduire, d'être secrètement flatté de son admiration, de l'attiser et de l'entretenir. La difficulté pour le père consiste à valoriser la féminité de sa fille tout en lui faisant comprendre clairement qu'elle ne lui est pas destinée.

Autre découverte de ce livre, sa **troisième clé** : le père est aussi important, si ce n'est plus, que la mère dans le développement de la petite fille. Aux pères d'en prendre conscience et de prendre du même coup confiance dans leur capacité innée à être pères. Leur « instinct paternel », c'est à eux de choisir ou non de le développer.

En s'intéressant quasi exclusivement à la relation mère-enfant, Freud a posé les jalons d'une vision du père que la psychanalyse et la psychologie ont longtemps adoptée de façon inconditionnelle. Cette vision est en passe d'être révisée. Les travaux récents réfutent le mythe selon lequel l'instinct parental est plus fort chez la femme, voire exclusivement féminin [1]. En réalité, les qualités parentales se développent par la pratique et c'est « seulement » la pratique, qui, de génération en génération, rend aujourd'hui encore les mères plus expertes. Beaucoup de pères ignorent à quel point ils sont importants pour leur fille.

Le père et la mère sont les deux piliers sur lesquels reposent nos fondations. La parité vaut dans les deux sens. Si la femme est l'égale de l'homme, l'homme, dans le domaine de la parentalité, est l'égal de la femme. Si, dans la toute petite enfance, la mère jette les bases de l'univers intime de sa fille, le père lui montre comment le transcender. Par la fascination qu'il exerce sur elle, il l'attire à l'extérieur de sa sphère personnelle, lui donnant ainsi une dimension sociale. Il lui donne aussi une dimension spirituelle en lui communiquant sa vision du monde, ses convictions, la religion qu'il se fait de la vie. Spontanément, l'enfant adhère aux valeurs de son père. C'est l'une des raisons pour lesquelles il accepte souvent plus volontiers son autorité. Une petite fille qui vitupérait contre le compagnon de sa mère en ces termes : « Tu

---

1. Voir *Anorexie, boulimie, pourquoi ?* de Margo Maine, Editions Le Souffle d'or, 1995.

n'as rien à me dire, tu n'es pas mon père ! » s'est entendu répondre : « Oui, mais c'est moi qui t'aime. » Cet homme montrait ainsi qu'il croyait à l'amour davantage qu'à la biologie. Et, à cette valeur, la petite fille s'est soumise de bonne grâce.

Quatrième clé : le père n'est pas une deuxième mère pour sa fille, ni une mère de remplacement. Bien au contraire. Sa fonction première consiste à être différent de la mère. A être un autre. Beaucoup de pères aujourd'hui, faute de repères, prennent modèle sur la mère en ce qui concerne l'éducation de l'enfant. Ils maternent leur fille. En réalité, ils n'assument pas leurs fonctions de père.

Le père joue un rôle d'autorité, d'interdicteur, il donne des limites à sa fille, lui enseigne les lois et les règles de la société. Ce rôle, la mère, si elle est à l'aise avec sa propre masculinité intérieure, est capable de le jouer. C'est une « simple » question d'éducation.

La fonction psychologique du père, elle, est irremplaçable : c'est l'intérêt que sa différence suscite auprès de sa fille qui imprimera en elle le désir de sortir du monde fusionnel et émotionnel dans lequel elle vit avec sa mère, pour s'intéresser à l'autre, puis à d'autres, à s'intégrer dans la société et à poursuivre un idéal. Les rôles du père et de la mère sont interchangeables, pas leurs fonctions.

Cinquième clé : c'est le père qui donne à sa fille ce que l'on pourrait appeler sa masculinité intérieure. Pour se distinguer de sa mère, trouver sa propre identité et se définir comme sujet à part entière, la fille doit pouvoir s'identifier à certains aspects de son père : à son autonomie, à son pouvoir de décision, à son sens des responsabilités [1].

Le père donne à sa fille une colonne vertébrale qui lui permet de se tenir debout face à l'adversité, il lui apprend à se discipliner et à gérer les inévitables frustrations imposées par la vie. Si – et seulement si – elle est soutenue par son père, ce sont ces frustrations répétées qui vont permettre à la petite fille de croître, de s'épanouir et de se structurer.

Ne peut-on se demander si, plus tard, nos réactions n'auront pas été conditionnées par ces tout premiers renoncements et la manière dont nous les avons vécus, dans la rancœur et la haine parce qu'ils auront été assenés par un père *ex cathedra* et sans douceur ? Ou dans la saine acceptation de la réalité de la vie et l'enthousiasme que suscitent ses possibilités infinies ?

Sixième clé : le plus grand service qu'un père puisse rendre à sa fille est de rendre sa femme amoureuse de lui. Cela a été l'une des surprises de cette enquête. Le regard qu'une fille porte à son père passe

---

1. Voir *Ces pères qui ne savent pas aimer*, de Monique Brillon, Editions de l'Homme, 1998.

obligatoirement par celui que la mère porte sur son compagnon. La place du père, dans les tout premiers instants de la vie, c'est d'abord la mère qui la lui donne. Et cela change tout. Sa mère aime-t-elle ou a-t-elle aimé son père? Si oui, le complexe d'Œdipe est en bonne voie. Du respect, de l'amour ou de la rancune que sa mère porte à son père dépendront le respect, l'amour ou la rancune que la fille portera plus tard aux hommes, la façon dont elle les accueillera et la place qu'elle leur accordera dans sa vie.

Septième clé : c'est ensuite du regard que le père porte sur la mère de son enfant que dépend la valeur que la fille accordera à sa féminité. Si sa mère est dévalorisée, la fille, s'identifiant à elle, aura une vision dépréciée d'elle-même. C'est pourquoi les pères qui délaissent leur femme au profit de leur fille enseignent paradoxalement à leur enfant à se sentir plus tard elles aussi délaissées. Inconsciemment, sa fille se sentira rejetée dans sa féminité et risque de reproduire plus tard cette attitude avec les hommes. De surcroît, les pères qui délaissent leur femme au profit de leur fille entretiennent souvent avec cette dernière une relation qui peut laisser croire, inconsciemment, à l'enfant que son père est l'homme de sa vie. Sans le vouloir, il peut la rendre ainsi prisonnière de ses relations avec lui, au détriment de son avenir sentimental.

Huitième clé : La relation d'un père avec sa fille dépend beaucoup de la relation qu'il entretient avec sa propre mère. Si elle est positive, sa relation avec sa fille le sera aussi. Si elle est faite de révolte, de rejet et de combat, il y a de fortes chances que sa relation avec sa fille suive le même schéma. Avec elle, le père exprimera la même agressivité inconsciente qu'avec sa mère. Beaucoup d'hommes sont restés trop attachés à leur mère ; s'ils n'arrivent pas à retrouver cette relation avec leur compagne, ils la reporteront sur leur enfant. Nombreuses sont les filles trop heureuses de materner leur père. Elles s'inquiètent pour lui, se font du souci pour lui. Jouer à la maman leur donne une illusion de pouvoir et de puissance. En réalité, elles risquent de se laisser enfermer dans une relation fusionnelle et incestueuse qui remplira tout l'espace psychique et ne laissera nulle place à un autre homme.

Neuvième clé : pour devenir femme, une fille doit se libérer de son père. Qu'il ait été absent ou trop envahissant, il est nécessaire de couper le cordon avec lui aussi. C'est parfois l'affaire de toute une vie. Une fille qui reste enfermée dans des relations trop étroites avec son père ne pourra jamais voir véritablement sa féminité éclore. Même mariée et mère de famille, au fond d'elle-même, elle restera une petite fille.

Si son père lui a manqué, elle risque de le chercher à travers tous les hommes de sa vie, ce qui est souvent une cause d'échec sentimental et presque toujours d'échec sexuel. Si son père l'a « trop » aimée, d'un amour narcissique et envahissant ou incestueux, même sans passage à l'acte, elle risque d'avoir peur de s'engager et de s'investir dans une relation amoureuse dont, de surcroît, elle ne ressentira pas le besoin. Pourquoi s'embarrasser d'un homme susceptible de vous faire souffrir, lorsqu'on sait être le plus bel objet d'amour pour l'homme qu'on aime le plus au monde, son père? Consciemment ou inconsciemment, ces filles-là restent fidèles à leur père. A noter : pour que la fille renonce à son père et se tourne vers d'autres hommes, il faut que le père ait renoncé lui-même à sa fille.

Dixième clé : père et fille forment un « couple » indissociable. Le père sème les germes de la femme à venir. Les pères absents d'hier ont engendré les filles d'aujourd'hui.

Depuis la révolution industrielle, les pères n'assumaient souvent plus leur fonction. Ils ne regardaient ni ne s'occupaient de leurs filles. Celles-ci avaient donc plus tard toujours besoin de l'approbation des hommes, de la société et, de manière générale, du monde masculin pour reconnaître leur valeur. Leur féminité, au lieu d'être valorisée par les pères, avait été dénigrée. C'est pourquoi leurs filles ont fini par se révolter. Elles ont été contraintes, dans les premiers temps du féminisme, de se masculiniser. Une étape de libération nécessaire. La vraie féminité est une conquête qui s'arrache de haute lutte. Et n'en est qu'à ses débuts.

Même si les pères d'aujourd'hui – parce que leur propre père a été absent – ont encore du mal à trouver leurs marques, leurs filles retrouvent confiance en elle, en leur propre valeur. Gageons qu'à la génération suivante, elles sauront bien mieux que nous encore conjuguer les deux pôles masculin et féminin de leur être. Vivre la femme dans toute son humanité. Ce sont des pères d'aujourd'hui que dépendent les filles de demain.

POUR ENTRER EN CONTACT AVEC L'AUTEUR :

valerie.colin-simard@wanadoo.fr

Merci à Marie et à T., qui m'ont donné temps, foi, encouragements et soutien.

Merci aussi à Marie-Laure, Florence et Patricia.

Merci également à Anne Carrière et à toute son équipe.

Table des matières

Cet ouvrage a été réalisé par

FIRMIN DIDOT

GROUPE CPI

Mesnil-sur-l'Estrée

pour le compte des Editions Anne Carrière
104, bd Saint-Germain 75006 Paris
en janvier 2003

Imprimé en France
Dépôt légal : février 2003
N° d'édition : 252 — N° d'impression : 61811